忙しくても　パパッとおいしい

平凡ごはん

平凡な夫婦

はじめに

夫と私、平凡な夫婦の日常を、YouTubeでのんびり紹介しています。
日常といっても、食べて飲んでの動画がほとんどで、週に1度のおうち居酒屋を楽しみに暮らしています。

食べて飲んでは大好きだけど、料理を作るのは苦手だった私。
一番の壁はメニューを決めること。
YouTubeを始める前は、毎日の献立作りが本当に苦痛で、同じようなメニューばかりになってマンネリ化していました。

そんな私でしたが、コロナ禍で、自然に料理と向き合う時間が増えたことから、今まで使わなかった食材を買ってみたり、新しい料理にもチャレンジするようになりました。簡単なものから少しずつ作っていくうちに、手軽においしく作れるものがたくさんあることを知りました。
簡単だからこそ失敗も少なく、それが自信につながって、いつしか肩の力を抜いて気楽に作ってもいいんだ！　と思えるようになりました。
今では、自分なりにアレンジできるようになり、レパートリーも増えています。

我が家は共働きで、仕事終わりに料理をするのは面倒ですし、なるべく手をかけたくない。
でも、おいしく食べて飲んで一日を締めくくりたい。
この本は、仕事や子育て、日々の家事に忙しくしている皆さんに、少しでもメニューを決める手助けになればと思ってまとめた一冊です。

スーパーで手に入る身近な食材を中心に使い、作りやすいメインと副菜をたくさん掲載しているので、献立に悩んだとき、あと1品欲しいときに、この本を開いてください。

本書を通して皆さんのおうちごはんが少しでも豊かになり、一日の終わりに楽しく食べて飲んでハッピーな時間を過ごしていただけたら幸せです。

平凡な夫婦

平凡な夫婦の
おうちごはんの
特徴

食べたいものを作る！

おうちごはんのいいところは、食べたいものを自分好みの味つけで作れるところ。「ガッツリ食べたい日」や「お酒を飲みたい日」はもちろん、スーパーに並ぶ旬の食材を楽しんだり、お店や旅先で出合った味を再現したり、その日の気分に合わせて作ります。

ご飯にもお酒にも合う！

食べて飲んでが大好きだから、特にメインはご飯とお酒がすすむ、しっかりめの味つけが中心です。しっかり味には、簡単に作れる冷ややっこなど、さっぱり味の副菜を組み合わせるとバランスがよくなります。

ボリューム満点！

動画でもおなじみですが、我が家の盛りつけは山盛り！ おなかいっぱい食べたいから、ついつい多めに作ってしまいます。材料の分量は我が家の2人分なので、適宜加減してくださいね。

揚げ物LOVE!

やっぱり揚げ物は揚げ立てが一番！だから我が家では揚げ物をよく作ります。でも、手軽に作りたいので少ない油で揚げ焼きに。これなら後片づけも楽に行えて気軽に挑戦できます。

余裕があるときは副菜をプラス

毎日は大変ですが、週1回のおうち居酒屋では、副菜を2〜3品つけています。1章で紹介しているメインには、「もう1品作るなら…」として、2、3章で紹介している副菜の中から、それぞれのメニューに合うおすすめの一品を掲載してるので、献立作りの参考にしてください。

1

平凡だけど結局一番うまい、定番おかず

ガッツリ食べたい日のおかず

パパッと作りたい日のおかず

揚げ物が食べたい日のおかず

ワイワイ食べたい日の卓上ごはん

サクッと食べたい日のお手軽ごはん

2

くり返し食べたくなる
野菜たっぷりおかず

最速で作れるカンタン和え物

ボリュームサラダ

野菜に合うディップ

これさえあれば！の冷ややっこバリエ

くずしておいしい！

野菜をメインに

野菜別おかず

なす

トマト

ブロッコリー

副菜にもおつまみにもなる

最強の一品！

我が家自慢の変わり餃子４種

ささっと作れる最強の一皿

ボリューム副菜

手羽でガッツリ４品

とりあえずの一品

レシピについて

◎ 計量単位は、大さじ1＝15ml、小さじ1＝5ml、1カップ＝200mlです。

◎ 材料の分量は一般的な2人分より多いものがあります。

◎ レシピ上、野菜を洗う、皮をむくなどの通常の下ごしらえは省略しています。特に表示のない限り、その作業をしてから調理に入ってください。

◎ 基本の調味料は、砂糖は上白糖、塩は自然塩、塩こしょうは市販の味付き塩こしょう、しょうゆは濃口、みそは合わせみそ、黒こしょうは粗びき黒こしょう、ポン酢はポン酢しょうゆ、焼き肉のタレは市販の中辛を使用しています。しょうがとにんにくはチューブタイプと生のものを使い分けています。

◎ 火加減や加熱時間は様子を見ながら調整してください。

◎ 電子レンジの加熱時間は600Wの場合の目安です。500Wの場合は1.2倍、700Wの場合は0.8倍を目安に加熱してください。また、お使いの機種の特徴に合わせ、様子を見ながら調節してください。

◎ トースターは1000Wのものを基準にしています。

STAFF
撮影　鈴木真貴、平凡な夫婦
デザイン　仲島綾乃
スタイリング　大関涼子
DTP　尾関由希子
校正　麦秋アートセンター
編集協力　岩越千帆
編集　石橋淑美、馬庭あい、宮﨑 綾（KADOKAWA）

1

平凡だけど結局一番うまい、

定番おかず

その日の気分でパパッと作る、我が家の定番おかず。
唐揚げやハンバーグ、煮物やソテーなど、
ごくごくフツーのメニューでも、
自分好みに味つけを工夫すると「うまっ!」が数段アップします。

ガッツリ
食べたい日のおかず

我が家のベスト献立

丸めた豚こまを揚げずに焼くお手軽レシピ

ポーク南蛮

材料（2人分）

豚こま切れ肉…500g
塩こしょう…少々
小麦粉…適量
サラダ油…小さじ2
A ┆ しょうゆ、酢、砂糖…各大さじ1
【タルタルソース】
ゆで卵…2個
マヨネーズ…大さじ4
塩こしょう…適量

パセリ（みじん切り）…適量

作り方

1 タルタルソースを作る。ボウルにゆで卵を入れてフォークで粗くつぶし、マヨネーズ、塩こしょうを加えて混ぜる。
2 豚肉は塩こしょうをふり、直径2～3cmに丸めて小麦粉を薄くまぶす。

豚肉1～2切れを手に取って丸め、ギュッとにぎるとはがれにくく、塊肉のようになる。

3 フライパンに油を中火で熱し、2を転がしながら焼く。
4 全体に焼き色がついたらフタをし、弱火で4分蒸し焼きにする。
5 余分な油を拭き取り、混ぜ合わせたAを加えてとろみがつくまで炒める。
6 器に盛り、タルタルソースをかけてパセリをふり、好みでベビーリーフを添える。

もう1品作るなら…

キャベツときゅうりの梅和え→p.78／ミックスきのこのしょうゆ漬け→p.98／パプリカのチーズおかか和え→p.75

ふんわり肉ダネにとろ〜りソースがよくからむ

煮込みハンバーグ

材料（2人分）

合いびき肉…300g
玉ねぎ…1/4個
しめじ…1パック
塩…小さじ1/2
卵…1個
こしょう…少々
A　パン粉、牛乳…各大さじ4
サラダ油…小さじ2
小麦粉…小さじ2
B　水…250ml
　トマトケチャップ…大さじ2
　ウスターソース…大さじ1と1/2
　砂糖…小さじ1
　顆粒コンソメ…小さじ1/2
黒こしょう、乾燥パセリ…各適量

作り方

1 玉ねぎはみじん切りに、しめじは小房に分ける。Aは合わせておく。
2 ボウルにひき肉と塩を入れてしっかり混ぜてから、Aと玉ねぎ、卵、こしょうを加える。さらに粘りが出るまでしっかり混ぜ、6等分にして空気を抜きながら平たい丸形にする。
3 フライパンに油を中火で熱し、2を並べ入れて両面を焼き色がつくまで焼き、一度取り出す。
4 フライパンの油を軽く拭き取り、しめじを加えて弱めの中火で炒める。しんなりしたら小麦粉をふり入れ、しめじにからめながら粉っぽさがなくなるまで炒める。
5 Bを加えて煮立ったら3を戻し入れ、フタをして5分ほど煮る。
6 フタを取り、煮汁をかけながら少しとろみがつくまで10分ほど煮込み、仕上げに黒こしょうとパセリをふる。

マヨネーズとも相性バッチリ！ キケンなくらいご飯がすすむ

トンテキ

材料（2人分）

豚ロース肉（とんかつ用）…2枚
塩こしょう…少々
にんにく（薄切り）…2かけ分
サラダ油…小さじ1
A　ウスターソース…大さじ1と1/2
　しょうゆ…大さじ1
　みりん…大さじ1/2
　砂糖…小さじ1
バター…10g
キャベツ（千切り）…適量

作り方

1 Aは混ぜ合わせておく。
2 豚肉は脂身と赤身の境目に等間隔に包丁の先を入れて筋を切り、包丁の背で全体をたたいて塩こしょうをふる。
3 フライパンに油とにんにくを入れて弱火にかけ、にんにくがきつね色になったら取り出す。
4 3を中火にして2を並べ入れ、両面に焼き色がつくまで2〜3分焼く。
5 Aとバターを加え、ソースにとろみがつくまで1〜2分煮詰める。
6 器にキャベツと5を盛り、3のにんにくをのせて、残ったソースをかける。

もう1品作るなら…

◎煮込みハンバーグには……キャロットラペ→p.95／アスパラベーコン温玉のせ→p.105
◎トンテキには……いんげんのクリチ和え→p.74／トマトの塩昆布和え→p.91

煮込みハンバーグ

トンテキ

巻いた豚バラをご飯に合う甘辛味に！

豚ロールの照り煮

材料（2人分）

豚バラ薄切り肉…300g
塩こしょう…少々
サラダ油…小さじ1
ゆで卵…3個
A 水…100ml
酒、砂糖…各大さじ2
しょうゆ…大さじ1
にんにくチューブ、しょうがチューブ…各3cm

作り方

1 豚肉は2枚ずつ少し重ねて広げ、塩こしょうをふって手前からくるくると巻く。Aは混ぜ合わせておく。
2 フライパンを中火で熱し、油をひいて1の巻き終わりを下にして焼く。
3 全体に焼き色がついたらAを加えてフタをし、弱めの中火で7分煮る。途中、上下を一度返す。
4 フタを取ってゆで卵を加え、強めの中火で煮汁をからめながら照りが出るまで煮詰める。
5 豚ロールと半分に切ったゆで卵を器に盛り、残った煮汁をかける。好みで貝割れ菜を添える。

もう1品作るなら…

ツナマヨ塩昆布のマカロニサラダ→p.128／ピーマンのおかか和え→p.79

揚げ鶏ねぎ塩

鮭と大根のバター照り焼き

シンプルな唐揚げをお店の味に格上げ

揚げ鶏ねぎ塩

材料（2人分）

鶏もも肉…1枚（300g）
長ねぎ…1本
片栗粉…適量
サラダ油…適量
ごま油…小さじ2

A 塩…小さじ1/2
花椒（ホアジャオ）（あれば）…少々

B 黒こしょう…適量
一味唐辛子…少々

作り方

1 長ねぎは白い部分の2/3量を、縦に十字に切ってから4cm幅に切り、残りの白い部分はみじん切りにする。青い部分は4cm長さに切る。

2 鶏肉は一口大に切って片栗粉を薄くまぶす。

3 フライパンにサラダ油を1cm深さに入れて180℃に熱し、2を中火できつね色になるまで揚げて油をきる。

4 別のフライパンにごま油を中火で熱し、4cm長さに切った長ねぎを炒める。しんなりしたら、3とAを加えて炒め合わせる。

5 全体がなじんだら、みじん切りにした長ねぎとBを加え、さっと混ぜ合わせる。

バターでこっくり、しみしみ大根がたまらない

鮭と大根のバター照り焼き

材料（2人分）

生鮭の切り身…2切れ
大根…1/2本
バター…10g

A しょうゆ…大さじ3
酒、みりん…各大さじ2
砂糖…大さじ1

長ねぎ（小口切り）…5cm分

作り方

1 大根は3cm厚さのいちょう切りにし、耐熱皿に重ならないように並べ、ラップをふんわりかけて電子レンジで8分加熱する。

2 鮭はそれぞれ4等分に切り、大きい骨があったら取り除く。

3 フライパンにバターを中火で熱し、2を焼く。両面焼き色がついたら1とAを加え、煮汁がなくなるまで混ぜながら5分ほど煮る。

4 器に盛り、長ねぎをのせる。

もう1品作るなら…

◎揚げ鶏ねぎ塩には……長いもの甘辛和え→p.77／春菊と豆腐のうま煮→p.125／とろろ昆布冷ややっこ→p.86
◎鮭と大根のバター照り焼きには……きゅうりの海苔しょうゆ和え→p.78／セロリの塩昆布和え→p.108

パリッ＆ジュワッ、濃厚クリーミー！　ぜいたくな味わい

パリパリチキンクリーム

材料（2人分）

鶏もも肉…1枚（300g）
塩こしょう…少々
片栗粉…小さじ1
サラダ油…小さじ1
【クリームソース】
玉ねぎ（薄切り）…1/4個分
しめじ（小房に分ける）…1/2パック
バター…15g
小麦粉…大さじ1
牛乳…150ml
顆粒コンソメ…小さじ1
塩、こしょう…各少々

黒こしょう…少々
パセリ（みじん切り）…適量

作り方

1 鶏肉は筋を取り、厚みが均一になるように切り開く。両面に塩こしょうをふり、皮面のみ片栗粉をまぶす。
2 フライパンに油を入れて弱火にかけ、1を皮目を下にしてじっくり焼く。裏返して両面きつね色になるまでパリッと焼いて取り出す。
3 クリームソースを作る。2のフライパンをさっと拭いてバターを中火で熱し、玉ねぎとしめじを炒める。しんなりしたら、小麦粉を2～3回に分けて加え、そのつど粉けがなくなるまでよく混ぜる。
4 混ぜながら牛乳を少しずつ加え、フツフツしたら顆粒コンソメ、塩、こしょうを加えてとろみがつくまで弱火で煮る。
5 器に4を盛り、食べやすく切った2をのせ、黒こしょうとパセリを散らす。

もう1品作るなら…

トマト＆パセリのブルスケッタ→p.129／さつまいもとベーコンのカレーマヨサラダ→p.82

おなじみのメニューを焼き肉のタレで奥深い味に！

ミートボールのトマト煮

材料（2人分）

合いびき肉…400g

A 卵…1個
　小麦粉…大さじ2
　塩こしょう…少々

サラダ油…大さじ1

B カットトマト缶…1缶（400g）
　焼き肉のタレ…100ml

パセリ（みじん切り）…適量

作り方

1 ボウルにひき肉とAを入れ、粘りが出るまでしっかり混ぜ、一口大に丸める。

2 フライパンに油を中火で熱し、1を転がしながら表面に焼き色がつくまで焼く。

3 油を軽く拭き取ってBを加え、グツグツと煮立ったら弱火にし、5分ほど煮る。

4 器に盛り、パセリを散らす。

もう1品作るなら…

ツナパクチーズ→p.138／ブロッコリーのピカタ→p.92／玉ねぎのハーブフライ→p.93

なすのスタミナ巻き
簡単でうまい！
キャベツの肉巻き

にらチーズ巻き

豚バラ巻き4選

→作り方はp.26

ねぎの肉巻き

なすのスタミナ巻き

材料（2人分）

豚バラ薄切り肉…6枚（160g）
なす…2本
青じそ…6枚
小麦粉…適量
サラダ油…小さじ1
A　みそ、みりん、酒…各大さじ1
　にんにくチューブ…5cm
　しょうゆ…小さじ1/2

作り方

1 なすは縦6等分のくし形切り、青じそは縦半分、豚肉は長さを半分（約15cm前後）に切る。
2 なす1切れに青じそ1切れ、豚肉1切れを順に巻きつけ、小麦粉を全体にふる。
3 フライパンに油を弱めの中火で熱し、2を巻き終わりを下にして並べ入れ、フタをしてときどき返しながら6～7分蒸し焼きにする。
4 豚肉に火が通ったら余分な油を拭き取り、混ぜ合わせたAを加えてさっとからめる。

にらチーズ巻き

材料（2人分）

豚バラ薄切り肉…6～8枚（200g）
にら…4本
溶けるチーズ…6枚
塩こしょう…少々
A　酒、しょうゆ…各大さじ1
サラダ油…小さじ1

作り方

1 にらは半分の長さに切る。
2 豚肉は横長に広げて少し重ねながら並べ、半分の長さに切って縦にして並べ、塩こしょうをふる。手前にチーズを3枚、にらを半量のせてきつめに巻く。同様にもう1個作る。
3 フライパンに油を中火で熱し、2を巻き終わりを下にして並べ入れて焼く。
4 全体に焼き色がついたら余分な油を軽く拭き取り、Aを加えてサッとからめ、フタをして2分ほど蒸し焼きにする。
5 4を食べやすい大きさに切り、器に盛る。

キャベツの肉巻き

材料（2人分）

豚バラ薄切り肉…6枚（160g）
キャベツ…1/4個
A　みそ、しょうゆ、砂糖、酢…各大さじ1
　しょうが（みじん切り）…1かけ分
　ごま油…小さじ2

作り方

1 キャベツは千切りにする。
2 豚肉を1枚ずつ広げ、1を1/6量ずつのせてきつめに巻く。
3 耐熱皿に巻き終わりを下にして並べ、ラップをふんわりかけて電子レンジで5分加熱する。
4 器に盛り、混ぜ合わせたAをかける。

ねぎの肉巻き

材料（2人分）

豚バラ薄切り肉…6枚（160g）
小ねぎ…1/2束
塩こしょう…少々
サラダ油…小さじ1

作り方

1 豚肉は広げて少し重ねて並べ、半分の長さに切って縦にして並べ、塩こしょうをふる。
2 小ねぎは1の横幅に合わせて長さを切り、豚肉の手前に半量のせてきつめに巻く。同様にもう1個作る。
3 2を2本並べて串を等間隔に4本刺し、串の間を包丁で切る。
4 フライパンに油を中火で熱し、豚肉に火が通るまで返しながら焼く。

もう1品作るなら…

◎なすのスタミナ巻きには……ちくわのわさび和え→p.141　◎にらチーズ巻きには……巻かない伊達巻き→p.132
◎キャベツの肉巻きには……アスパラとあさりの酒蒸し→p.105　◎ねぎの肉巻きには……油揚げのカレースナック→p.140

にんにく香る韓国風の刺激的な味わい

大根と鶏肉のピリ辛みそ煮

材料（2人分）

大根…1/2本
鶏もも肉…1枚（300g）
サラダ油…大さじ1/2
A 水…600ml
みりん、酒、しょうゆ…各50ml
砂糖…大さじ1と1/2
B にんにくチューブ、
しょうがチューブ…各3cm
コチュジャン…大さじ1
一味唐辛子…小さじ1/2＊
小ねぎ（小口切り）…適量

作り方

1 大根は2cm厚さの半月切りにする。
2 鶏肉は筋を取り除き、一口大に切る。
3 フライパンに油を中火で熱し、**2**を皮目を下にして焼く。皮がこんがりしたら**1**を加え、全体に油がまわるように炒め合わせる。
4 **A**を加えて煮立ったらアクを取って落としブタをし、弱火にして25分煮る。
5 **B**を加えて中火にし、10分ほど煮詰める。
6 器に盛り、小ねぎをのせる。

＊けっこう辛いので、苦手な場合は一味唐辛子を減らしてください。

もう1品作るなら…

白菜のツナマヨごまサラダ→p.83／ねぎ焼き→p.97

鶏肉とトマトの相性は抜群!
ジューシーだけどさっぱり食べられる

チキンソテー 香味ソースがけ

材料(2人分)

鶏もも肉…2枚(400g)
にんにく(薄切り)…1かけ分
塩…小さじ1/4
オリーブオイル…小さじ1
トマト…1/2個
A しょうゆ…大さじ1
　酢…小さじ1
小ねぎ(小口切り)…適量
黒こしょう…適量

作り方

1 鶏肉は筋を取り、厚さが均一になるように切り開いて塩をふる。
2 フライパンにオリーブオイルとにんにくを入れて弱めの中火にかけ、きつね色になったら取り出す。
3 **2**のフライパンに鶏肉を皮目を下にしてじっくり焼く。裏返して両面きつね色になるまでパリッと焼いて取り出し、食べやすい大きさに切って器に盛る。
4 トマトは1cm角に切ってボウルに入れ、**A**を混ぜ合わせて**3**にかける。**2**のにんにく、小ねぎ、黒こしょうを散らし、好みでレタスを添える。

もう1品作るなら…

ツナ玉やっこ→p.85／ごぼうのみそ照り焼き→p.137

薄い衣をまとわせてカリカリ食感をプラス

かつおのたたきフライ

材料（2人分）

かつおのたたき…1さく
塩こしょう…少々
A　小麦粉、水…各大さじ3
　　サラダ油…小さじ1
パン粉…適量
サラダ油…適量
【タレ】
　　しょうゆ、酢…各大さじ1
　　にんにくチューブ…3cm
　　レモン汁…小さじ1/2
　　ごま油…少々

作り方

1　バットにAを混ぜ合わせてバッター液を作る。
2　かつおのたたき全体に塩こしょうをふり、バッター液、パン粉を順につける。
3　フライパンに油を1cm深さに入れて170～180℃に熱し、2を入れて中火で1面ずつこんがりするまで揚げ焼きにする。油をきり、食べやすい厚さに切る。
＊中まで火を通さず、表面だけカリッとすればOK。熱が入らないように早めに切る。
4　器に盛り、混ぜ合わせたタレと好みで貝割れ菜を添える。塩やマヨネーズをつけても。

もう1品作るなら…

水菜としらすのだししょうゆサラダ→p.83／塩バタ肉じゃが→p.94

魚をかえてもおいしい！　野菜がすすむ王道の味

さんまの南蛮漬け

材料（2人分）

さんま（三枚おろし）…2尾分
玉ねぎ…1/2個
にんじん…1/3本
片栗粉…大さじ1
サラダ油…大さじ1

A
酢…200ml
水…大さじ3
砂糖、しょうゆ…各大さじ1
顆粒和風だし…小さじ1/2
塩…少々
赤唐辛子（小口切り）…適量

作り方

1 玉ねぎは1cm幅の薄切り、にんじんは千切りにする。
2 ボウルにAを混ぜ合わせる。
3 さんまは4〜5等分に切り、全体に片栗粉を薄くまぶす。
4 フライパンに油を中火で熱し、3をカラッとするまで揚げ焼きにして油をきり、熱いうちに2のボウルに加える。
5 4のフライパンに1を入れ、しんなりするまで炒めたら2のボウルに加える。
6 粗熱をとって器に盛り、好みで貝割れ菜をのせる。

もう1品作るなら…

かぼちゃのそぼろあん→p.104／厚揚げのねぎみそまぶし→p.142

我が家のベスト献立

豚バラキャベツの重ね蒸し→p.34

水菜とツナの山椒サラダ→p.81

エリンギのにんにくしょうゆステーキ→p.118

海苔のり納豆アボカド→p.113

パパッと
作りたい日のおかず

フライパンに重ねて蒸す手軽さ。マヨポンをかけてどうぞ！

豚バラキャベツの重ね蒸し

材料（2人分）

豚バラ薄切り肉…300g
キャベツ…1/2個
塩こしょう…少々
酒…大さじ1
A マヨネーズ…大さじ1
　ポン酢…大さじ2
　砂糖…小さじ1/2

作り方

1 キャベツはざく切りにし、豚肉は7cm幅に切る。
2 フライパンにキャベツ半量、豚肉半量を広げて重ね、塩こしょうをふる。残りを同様に繰り返し、酒をまわしかけ、フタをして弱めの中火で10分蒸し焼きにする。
3 好みで白ごまと万能ねぎを散らし、食べるときに混ぜ合わせたAをかける。

もう1品作るなら…

たたきごぼう→p.106／にんじんと油揚げの甘みそ炒め→p.95

パンチのある豚キムとチーズでご飯がもりもりすすむ♪

豚キムと厚揚げのチーズのせ

材料（2人分）

豚こま切れ肉…200g
白菜キムチ…100g
厚揚げ…1枚（150g）
ピザ用チーズ…50～70g
ごま油…小さじ2
麺つゆ（3倍濃縮）…大さじ1

作り方

1 厚揚げは余分な油を拭き取り、9等分に切る。豚肉は食べやすい大きさに切る。
2 フライパンにごま油を中火で熱し、豚肉を色が変わるまで炒め、厚揚げ、キムチを加えて全体を混ぜながら1分ほど炒める。
3 麺つゆを加えて全体を混ぜながら1分ほど炒める。
4 火を止めてピザ用チーズをのせてフタをし、チーズを溶かす。

もう1品作るなら…

三つ葉とちくわのわさび和え→p.76／梅ディップ→p.84

トマトと鶏もも肉のしょうゆ焼き

鶏むね肉と小松菜の中華あんかけ

サクッと作れておいしい我が家のテッパン

トマトと鶏もも肉のしょうゆ焼き

材料（2人分）

鶏もも肉…2枚（400g）
トマト…2個
サラダ油…大さじ1
塩こしょう…少々
しょうゆ…大さじ1
黒こしょう…適量
青じそ（千切り）…2枚分

作り方

1 鶏肉は一口大に切り、トマトは8等分のくし形切りにする。
2 フライパンに油を中火で熱し、鶏肉を入れて塩こしょうをふって炒める。両面がこんがりしたらフタをし、3分蒸し焼きにする。
3 トマトを加えて炒め合わせ、トマトがくたっとしたらしょうゆを加え、サッと混ぜる。
4 器に盛り、黒こしょうをふって青じそをのせる。

とろ～りあんで鶏むねのしっとり感が倍増！

鶏むね肉と小松菜の中華あんかけ

材料（2人分）

鶏むね肉…1枚（300g）
小松菜…1束
塩こしょう…少々
小麦粉…適量
ごま油…小さじ2
A 水…200ml
オイスターソース…大さじ1
みりん…小さじ2
しょうゆ…小さじ1
鶏ガラスープの素…小さじ1/2
しょうがチューブ…3cm
水溶き片栗粉…水大さじ2と片栗粉大さじ1を混ぜたもの

作り方

1 鶏肉は皮を取り、全体にフォークで穴をあけ、1cm幅のそぎ切りにする。塩こしょうをふって全体に小麦粉を薄くまぶす。
2 小松菜は3cm幅に切る。ボウルにAを混ぜ合わせておく。
3 フライパンにごま油を中火で熱し、鶏肉を炒める。色が変わったら小松菜の茎とAを加えて炒め合わせ、フタをして3分煮る。
4 小松菜の葉を加えてサッと混ぜ、火を止めて水溶き片栗粉を加える。再び中火にかけてとろみがつくまで混ぜながら煮る。

もう1品作るなら…

◎トマトと鶏もも肉のしょうゆ焼きには……麺つゆアボカド→p.107／ゆで卵とねぎの甘辛和え→p.116
◎鶏むね肉と小松菜の中華あんかけには……塩昆布トマト冷ややっこ→p.85／さばのセロリ和え→p.115

仕上げに合わせ調味料を加えるだけで香りも味も豊かに！

なすと牛肉の和風カレー煮

材料（2人分）

なす…4本
牛切り落とし肉…150g
サラダ油…大さじ2
A
水…50ml
カレー粉、しょうゆ…各大さじ1
酒、みりん…各大さじ2
砂糖…大さじ1/2
赤唐辛子（小口切り）…1/2本分

作り方

1 なすは一口大の乱切り、牛肉は食べやすい大きさに切る。Aは混ぜ合わせておく。
2 フライパンに油を中火で熱し、なすを炒める。しんなりしたら牛肉を加えて炒め合わせる。
3 牛肉の色が変わったらAを加え、さっと混ぜる。グツグツしてきたらフタをし、弱めの中火でときどきなすを返しながら8分煮る。

もう1品作るなら…

はんぺんねぎマヨ焼き→p.140／オクラとチーズのおかか和え→p.74

ご飯がすすむしっかり味のふわふわ卵

豚こま中華オムレツ

材料（2人分*）

豚こま切れ肉…250g

サラダ油…大さじ1

A　鶏ガラスープの素、酒
　　…各大さじ1/2
　オイスターソース、しょうゆ、砂糖
　　…各小さじ1

B　卵…3個
　牛乳…大さじ1

マヨネーズ…適量

小ねぎ（小口切り）…適量

＊直径20cmのフライパンで作りやすい分量。

作り方

1 豚肉は食べやすい大きさに切る。AとBはそれぞれ混ぜておく。

2 フライパンに油を中火で熱し、豚肉を色が変わるまで炒めてAを加え、混ぜながら炒める。

3 豚肉に火が通ったらBを流し入れる。卵液のフチがかたまってきたらフタをし、弱火で蒸し焼きにする。

4 全体がかたまったら皿に裏返して盛りつけ、マヨネーズをかけて小ねぎをのせる。

もう1品作るなら…

もやしのピリ辛酢みそ和え→p.73／トマトとじゃこの青じそ和え→p.72

鮭のコーンマヨグリル焼き

鮭ときのこのオイル煮

鮭にコーンマヨをのっけてグリルにおまかせ！

鮭のコーンマヨグリル焼き

材料（2人分）

生鮭の切り身…2切れ

塩こしょう…少々

A
- コーン…30g
- マヨネーズ…大さじ3
- 粉チーズ…小さじ1

作り方

1 生鮭に塩こしょうをふる。

2 1をアルミホイルの上に並べ、混ぜ合わせたAをのせる。

3 2を魚焼きグリルの中火で7分、マヨネーズにこげ目がつくまで焼く。

鮭のうまみとオイルを吸ったきのこが絶品！

鮭ときのこのオイル煮

材料（2人分）

塩鮭の切り身…2切れ

エリンギ、しめじ…各1/2パック

小麦粉…適量

にんにく（みじん切り）…1かけ分

オリーブオイル…大さじ3

黒こしょう…少々

パセリ（みじん切り）…適量

作り方

1 塩鮭は骨を除いてそれぞれ3〜4等分に切り、小麦粉を薄くまぶす。

2 エリンギは半分の長さに切って薄切り、しめじは小房に分ける。

3 フライパンにオリーブオイルとにんにくを入れて弱火で炒め、香りが立ったら1を加えて中火にし、両面に焼き色がつくまで焼く。

4 2を加えて炒め、きのこがしんなりしたら火を止めて黒こしょうとパセリをふる。

もう1品作るなら…

◎鮭のコーンマヨグリル焼きには……長いものにらソースがけ→p.102／たくあんと鶏ささ身のサラダ→p.82
◎鮭ときのこのオイル煮には……ピリ辛カプレーゼ→p.113／じゃがいものバターしょうゆ炒め→p.94

ごまだくまぐろ

材料（2人分）
まぐろの刺し身…1さく（150～200g）
塩…少々
A しょうゆ、みりん…各大さじ1
ごま油…大さじ1/2
オイスターソース…小さじ1/2
しょうがチューブ…2cm
白すりごま…大さじ2
青じそ（あれば）…適量

作り方
1 まぐろは全体に塩をふり、15分おいて水けを拭き取り、一口大に切る。
2 ボウルにAを混ぜ合わせ、1を加えて混ぜ合わせる。
3 器に青じそを敷いて2を盛りつける。

まぐたくwith 韓国海苔

材料（2人分）
まぐろの刺し身…90g
たくあん…30g
韓国海苔…8枚
A しょうゆ…小さじ1
ごま油…少々
白いりごま…ひとつまみ
小ねぎ（小口切り）…適量

作り方
1 まぐろ、たくあんは細かく刻む。
2 ボウルに1とAを入れて混ぜ合わせる。
3 器に盛り、小ねぎをのせて韓国海苔を添え、海苔で巻いて食べる。

もう1品作るなら…
◎ごまだくまぐろには……ごぼうの極薄揚げ→p.106／手羽元の梅酒煮→p.122
◎まぐたくwith韓国海苔には……春菊のチョレギ風サラダ→p.82／にんにくしょうゆ枝豆→p.136

さば缶のなめろう

材料（2人分）

さばの水煮缶…1缶（190g）
青じそ…5枚
A みそ、しょうがチューブ…各大さじ1/2
  白いりごま…大さじ1
小ねぎ（小口切り）…適量

作り方

1 さばの水煮缶は缶汁をきってボウルに入れ、細かくほぐす。
2 青じそは千切りにして1に入れ、Aを加えて混ぜ合わせる。
3 器に盛り、小ねぎを散らす。

さばみその ピリ辛煮

材料（2人分）

さばのみそ煮缶…1缶（190g）
白菜キムチ…50g
にら…1/2束
水…20ml
ごま油…小さじ1

作り方

1 にらは4cm長さに切り、キムチは大きければ小さく切る。
2 フライパンにさばのみそ煮缶を缶汁ごと入れ、食べやすい大きさにほぐし、キムチと水を加えて中火にかける。
3 煮立ったらにらとごま油を加え、汁けが少し残るくらいまで煮詰める。

もう1品作るなら…

◎さば缶のなめろうには……たこと玉ねぎの甘酢和え→p.119／豆腐とねぎのお焼き→p.125
◎さばみそのピリ辛煮には……ピーマンの焼きびたし→p.103／小松菜の梅和え→p.73

野菜を切って蒸し焼きに。切り身で手軽に本場の味を！

ちゃんちゃん焼き

材料（2人分）

生鮭の切り身…2切れ
キャベツ…1/4個
玉ねぎ…1/2個
にんじん…1/3本
しめじ…1パック
塩こしょう…少々
バター…10g
A みそ…大さじ3
　酒…大さじ2
　砂糖、みりん…各大さじ1

作り方

1 生鮭は全体に塩こしょうをふる。Aは混ぜ合わせておく。
2 キャベツはざく切り、玉ねぎは1cm幅、にんじんは5mm幅の短冊切り、しめじは小房に分ける。
3 大きめのフライパンにバターを中火で熱し、鮭を並べ入れて焼く。焼き色がついたら裏返し、鮭の周りに2を加える。
4 Aをまわしかけてフタをし、野菜がしんなりするまで蒸し焼きにする。

もう1品作るなら…

油揚げ巻き→p.114／セロリの塩昆布和え→p.108

衣はカリッ、身はふっくら。にんにくとパセリをアクセントに

あじの香味ソテー

材料（2人分）

あじ（三枚おろし）…3尾分
塩こしょう…少々
A パン粉…約40g（2/3カップ）
　塩こしょう…少々
　にんにく（みじん切り）…1かけ分
　パセリ（みじん切り）…大さじ2
オリーブオイル…大さじ3

作り方

1 バットにAを混ぜ合わせて衣を作る。
2 あじに塩こしょうをふって5分おき、ペーパータオルで水けを拭き取り、1の衣を両面につける。
3 フライパンにオリーブオイルを中火で熱し、2を皮目を下にして並べる。両面に焼き色がつくまで返しながら3分ほど揚げ焼きにする。
4 器に盛り、好みでカットレモンを添える。

もう1品作るなら…

長ねぎマヨチーズ焼き→p.97／ズッキーニの焼きびたし→p.108

揚げ物が食べたい日のおかず

我が家のベスト献立

柚子こしょう唐揚げ→p.48
水菜とごぼうのパリパリサラダ→p.80
たくあんポテサラ→p.81
塩昆布トマト冷ややっこ→p.85

唐揚げプレーン

我が家のリピート

柚子こしょう唐揚げ

コチュジャン唐揚げ

唐揚げ4選

→作り方はp.50

黒唐揚げ

にんにくとしょうがをきかせた我が家のテッパン！

唐揚げプレーン

材料（2人分）

鶏もも肉…2枚（400g）

A しょうゆ、酒…各大さじ1と1/2
塩…小さじ1/5
にんにくチューブ、しょうがチューブ
…各3cm

片栗粉…大さじ4
サラダ油…適量

作り方

1 鶏もも肉は一口大に切り、ポリ袋に入れる。
2 Aを加えてしっかりもみ込み20分以上おく。
3 片栗粉を加えて均一になるまでもむ。
4 鍋に油を1cm深さに入れて180°Cに熱し、3を中火でときどき返しながらきつね色になるまで4〜5分揚げる。好みでカットレモンを添える。

これで味へん！

スイートチリソース

材料と作り方（2人分）

酢50ml、砂糖35g、赤唐辛子（種を取ってみじん切り）2本分、にんにく（みじん切り）1かけ分をしっかり混ぜ合わせる。フライパンに入れて中火でかき混ぜながら、グツグツしてから3〜4分加熱して火を止め、容器に移して冷ます。

いろいろな味を試すのも楽しみのひとつ

柚子こしょう唐揚げ

材料（2人分）

鶏もも肉…1枚（300g）

A 柚子こしょうチューブ
…大さじ1
塩…小さじ1/4

B 小麦粉、片栗粉
…各大さじ1と1/2

サラダ油…適量

作り方

1 唐揚げプレーンの1と同様にし、Aをもみ込んで20分以上おく。
2 Bを加えてしっかりもみ込み、プレーンの4と同様に油で揚げる。

コチュジャン唐揚げ

材料（2人分）

鶏もも肉…1枚（300g）

A コチュジャン
…大さじ1と1/2
はちみつ…小さじ1
にんにくチューブ…3cm
塩…小さじ1/2

B 小麦粉、片栗粉
…各大さじ2

サラダ油…適量

作り方

1 唐揚げプレーンの1と同様にし、Aをもみ込んで20分以上おく。
2 Bを加えてしっかりもみ込み、160°Cに熱した油で4分ほど揚げる。

黒唐揚げ

材料（2人分）

鶏もも肉…1枚（300g）

A 中濃ソース…大さじ2
こしょう…小さじ1/2
にんにくチューブ…3cm
しょうがチューブ…5cm

片栗粉…大さじ4
サラダ油…適量

作り方

1 唐揚げプレーンの1と同様にし、Aをもみ込んで30分以上おく。
2 片栗粉を加えて均一になるまでもみ込み、160°Cに熱した油で5〜6分揚げる。

もう1品作るなら…

◎プレーンには……スパイシー冷ややっこ→p.86　◎柚子こしょうには……水菜とツナの山椒サラダ→p.81
◎コチュジャンには……なすのさっぱり焼きびたし→p.90　◎黒唐揚げには……和風ベーコンねぎトマト→p.91

にらたっぷりのさっぱりソースが食欲をそそる

揚げ鶏のにらソースがけ

材料（2人分）

鶏むね肉（皮つき）…1枚（300g）
塩こしょう…少々
片栗粉…適量
サラダ油…適量
【にらソース】
にら…1/2束
A しょうゆ、酢…各大さじ2
砂糖、白いりごま…各大さじ1
ごま油…大さじ1/2
一味唐辛子…少々

作り方

1 鶏肉は室温に戻す。
2 にらソースを作る。にらはみじん切りにしてボウルに入れ、Aを混ぜ合わせる。
3 鶏肉に塩こしょうをふり、片栗粉を薄くまぶす。
4 鍋に油を3cm深さに入れて180℃に熱し、中火で両面3分ずつ揚げて取り出し、油をきりながら5分ほどおいて余熱で火を通す。
5 4を1cm幅に切り、器に盛って2のソースをかける。

もう1品作るなら…
エリンギのキムチ和え→p.77／ゆで卵とねぎの甘辛和え→p.116

みそダレ牛カツ

キャベツのメンチカツ

薄切り肉を割り箸に巻いたやわらかくてジューシーな一品

みそダレ牛カツ

材料（10本分）

牛切り落とし肉…400g
小麦粉、溶き卵、パン粉…各適量
【みそダレ】
みそ…大さじ3
みりん…大さじ2
ウスターソース、砂糖…各大さじ1

サラダ油…適量

作り方

1 割り箸1本に牛肉を2～3枚ずつ、クルクルと巻きつける。
2 1に小麦粉、溶き卵、パン粉の順に衣をつける。
3 フライパンに油を1cm深さに入れて170～180℃に熱し、2を上下を返しながら中火できつね色になるまで揚げて油をきる。
4 器に盛り、混ぜ合わせたみそダレをかける。

キャベツたっぷりで食べごたえがあってヘルシー

キャベツのメンチカツ

材料（8個分）

キャベツ…6～8枚（300g）
【肉ダネ】
A 合いびき肉…300g
卵…1個
塩…小さじ1/3
こしょう…少々
パン粉…約40g（2/3カップ）
【衣】
小麦粉…適量
溶き卵…1個分
パン粉…適量

サラダ油…適量

作り方

1 キャベツは千切りにし、塩小さじ1/2（分量外）をふってしんなりするまで10分ほどおく。
2 肉ダネを作る。ボウルにAを入れて粘りが出るまでしっかり混ぜ、パン粉を加えてさらになじむまで混ぜる。
3 1の水けをしっかりきり、2に加えて混ぜ合わせ、8等分して2cm厚さの小判形に整え、衣を小麦粉、溶き卵、パン粉の順につける。
4 フライパンに油を2～3cm深さに入れて170℃に熱し、中火でときどき返しながら8分ほど揚げて油をきる。
5 器に盛り、好みでカットレモンを添え、好みの調味料をつけて食べる。
＊中濃ソースが安定のおいしさ！

もう1品作るなら…

◎みそダレ牛カツには……大根ときゅうりの刺激たっぷり和え→p.76／小ねぎと焼き海苔の和え物→p.121
◎キャベツのメンチカツには……ねぎ塩アボカド豆腐→p.87／はんぺんの梅おかかツナのせ→p.119

玉ねぎと青じそとベーコンのかき揚げ

我が家の大定番

さつまいもと紅しょうがのかき揚げ

三つ葉とじゃがいものかき揚げ

デカかき揚げ4選

→作り方はp.56

豚と玉ねぎのかき揚げ

玉ねぎと青じそとベーコンのかき揚げ

材料（6〜8個分）

玉ねぎ…1個
青じそ…3枚
ベーコン（ハーフ）…3枚
A　天ぷら粉…50g
　水…80ml
サラダ油…適量

作り方

1　玉ねぎは縦半分に切って薄切り、青じそとベーコンは細切りにする。
2　ボウルに**A**を入れて混ぜ合わせ、**1**を加えて混ぜ合わせる。
3　鍋に油を2〜3cm 深さに入れて170℃に熱し、**2**をお玉などで1/8〜1/6量ずつすくい、静かに入れる。
4　中火で初めはさわらず、下の面がカリッとしたら裏返し、2〜3分たったら再度裏返して20秒ほどで取り出す。

三つ葉とじゃがいものかき揚げ

材料（6個分）

三つ葉…1束
じゃがいも…2個
小麦粉…大さじ1
A　小麦粉…50g（1/2カップ）
　溶き卵…1個分
　冷水…卵と合わせて3/4カップ
サラダ油…適量
塩…適量

作り方

1　じゃがいもは1cm角の棒状に、三つ葉は3cm幅に切ってボウルに入れ、小麦粉を加えて大きく混ぜてからめる。
2　別のボウルに**A**を入れて粉が残るくらいにざっと混ぜ、**1**に加えてざっくり混ぜる。
3　玉ねぎと青じそとベーコンのかき揚げの**3**〜**4**と同様に揚げて、塩をふる。

さつまいもと紅しょうがのかき揚げ

材料（作りやすい分量）

さつまいも…1本（300g）
紅しょうが…50g
天ぷら粉…大さじ3
サラダ油…適量

作り方

1　さつまいもは2〜3等分の長さにして1cm角の棒状に切り、水に10分ほどさらしてアク抜きする。水けを軽くきってボウルに入れ、紅しょうがを加えて和え、天ぷら粉を加えて混ぜ合わせる。*
2　鍋に油を2〜3cm深さに入れて160℃に熱し、さつまいもを2〜3本ずつまとめて入れ、玉ねぎと青じそとベーコンのかき揚げの**4**と同様に4〜5分揚げる。

*水けが多い場合は天ぷら粉を、粉っぽい場合は水を足して調整し、持ち上げたときにさつまいもについた紅しょうがが落ちないくらいにする。

豚と玉ねぎのかき揚げ

材料（6〜8個分）

豚こま切れ肉…200g
玉ねぎ…1個
青じそ…5枚
塩…少々
小麦粉…適量
A　小麦粉…80g
　溶き卵…1個分
　冷水…120ml
サラダ油…適量

作り方

1　玉ねぎは1cm角、青じそは千切り、豚肉は塩をふってざく切りにし、ボウルに入れて小麦粉を混ぜながら少しずつ加え、具材1つずつにからめる。
2　別のボウルに**A**を入れて粉が残るくらいにざっと混ぜ、**1**に加えてざっくり混ぜる。
3　玉ねぎと青じそとベーコンのかき揚げの**3**〜**4**と同様にして4〜5分揚げる。

かき揚げうどんにも！

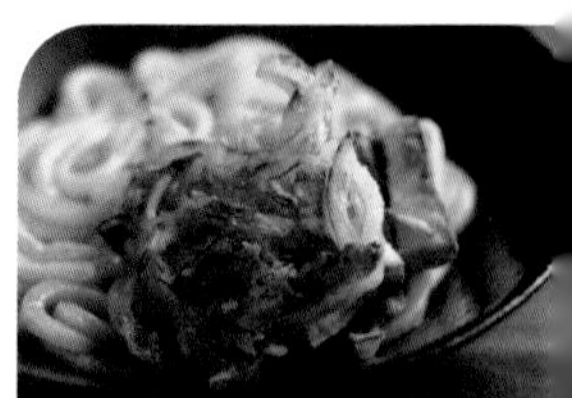

しょうがをきかせた大根おろしがさばのうまみとベストマッチ

揚げさばの染めおろし

材料（2人分）

さば（三枚おろし）…1尾分
大根…200g
塩…小さじ1/4
小麦粉…大さじ2
サラダ油…適量
しょうがチューブ…6cm
ポン酢…適量
小ねぎ（小口切り）…適量

作り方

1 さばは中骨があれば取り除き、2cm幅に切って塩をふり、全体に小麦粉を薄くまぶす。
2 大根はすりおろして汁けをきる。
3 フライパンに油を5mm深さに入れて170°Cに熱し、1を中火でカラッとするまで揚げて油をきる。
4 ボウルに2、しょうがを混ぜ合わせ、3を加えて和える。
5 器に盛り、ポン酢をかけて小ねぎを散らす。

もう1品作るなら…

れんこんと明太子のアヒージョ→p.101／ピーマンのみそ煮→p.103

好きな肉と野菜を一緒に巻いて!

焼き肉手巻き寿司

材料(2人分)

【酢めし】

温かいご飯…2合分(量は好みで調節)

A 酢…大さじ3
砂糖…大さじ2
塩…小さじ1

【豚モツ】

豚白モツ…200g
みそ、しょうゆ、ごま油…各大さじ1
酒…大さじ2
砂糖…大さじ1と1/2
コチュジャン…小さじ1
にんにくチューブ…3cm

【豚トロ】

豚トロ…200g

B ごま油…大さじ1
鶏ガラスープの素…小さじ1/2
にんにくチューブ…3cm

塩…ひとつまみ

【牛肉のしぐれ煮】

牛薄切り肉…200g

C 酒…大さじ4
みりん、砂糖、しょうゆ…各大さじ2

【付け合わせ】

焼き海苔、サニーレタス、貝割れ菜、きゅうり(千切り)、大根(千切り)…各適量

作り方

1 【酢めし】ボウルに温かいご飯を入れ、混ぜ合わせたAを加えて切るように混ぜる。
2 【豚モツ】豚モツは熱湯で3分ゆでてザルに上げて水けをきる。フライパンを中火で熱し、すべての材料を入れて炒め、混ぜながらこげ始めるまで煮詰める。
3 【豚トロ】フライパンを中火で熱し、豚トロを両面こんがりと焼く。火が通ったら余分な油を拭き取ってBを加えてからめ、塩をふる。
4 【牛肉のしぐれ煮】フライパンにCを入れて煮立たせ、牛肉を加えて煮汁がほとんどなくなるまで煮詰める。
5 器にそれぞれ盛り、付け合わせを添える。好みで海苔やレタスで巻いて食べる。

ワイワイ食べたい日の卓上ごはん

パリパリ
パリパリ
パリパリ
パリパリ

ホットプレートでソースから作る本格的なお手軽レシピ!

鉄板タコライス

材料(作りやすい分量*)

合いびき肉…400g
温かいご飯…3合分
玉ねぎ…1個
レタス…3～4枚
トマト…1個
アボカド…1個
レモン汁…適量
にんにく(みじん切り)…1かけ分
卵…適量
塩こしょう…少々
ピザ用チーズ…適量
オリーブオイル…大さじ1
【ソース】
トマトケチャップ、ウスターソース
…各大さじ4
チリパウダー…大さじ1
一味唐辛子…小さじ1/2

＊36×33cmのホットプレートにちょうどよい分量。ホットプレートのサイズに合わせて調節可。

作り方

1 玉ねぎは粗みじん、レタスは1cm幅、トマトとアボカドは1cm角に切る。アボカドはレモン汁をかけておく。ソースの材料は混ぜておく。

2 ホットプレートを250℃に熱し、オリーブオイルをひいて、にんにくを香りが立つまで炒める。

3 玉ねぎを加えて1分ほど炒めたら合いびき肉を加え、塩こしょうをふって炒める。ひき肉が色づいたらソースを加えてさらに炒める。

4 3を中央に集め、真ん中あたりにくぼみをつけて卵を割り入れる。(STEP1)

5 卵が好みのかたさになったら温かいご飯をまわりに敷き詰める。(STEP2)

6 ご飯の上にピザ用チーズと1の野菜類を散らし、好みでタコスチップスをトッピングする。保温にして好みでタバスコやマヨネーズをかけて食べる。(STEP3)

(STEP1)

(STEP2)

(STEP3)

濃厚スープと肉みそをシメまで楽しむ！

担々豆乳鍋

材料（2人分）

豚ひき肉…300g
チンゲン菜…2株
しめじ…1パック
絹豆腐…1/2丁
もやし…1袋
A みそ、みりん、酒、砂糖…各大さじ1
　豆板醤…大さじ2
ごま油…大さじ1
ラー油…適量
白すりごま…大さじ3
【スープ】
無調整豆乳…400ml
水…50ml
鶏ガラスープの素…大さじ1と1/2
【シメ】
中華麺…1袋
冷凍餃子…6個

作り方

1 チンゲン菜は1枚ずつ切り離し、しめじは小房に分け、豆腐は食べやすい大きさに切る。
2 鍋にごま油を中火で熱し、ひき肉を炒める。色が変わったらAを加えさっと炒め、一度取り出す。
3 残った油をさっと拭き取り、スープの材料を入れる。
4 温まったら1ともやしを入れて煮る。
5 野菜に火が通ったらラー油とすりごまをふり入れ、最後に2をのせる。
6 一通り食べ終わったら、シメの中華麺と餃子を入れてさっと煮る。

＊野菜を少し残しておくとよりおいしい。

具材をスタンバイ

では、
シメいきま〜す
おすすめは
餃子と中華麺。
担々麺ってこと?
そうだよ〜

困ったときはこれ！　豚肉でねぎを包んでもりもり食べる

ねぎたっぷり豚しゃぶ鍋

材料（2人分）

豚バラ薄切り肉（しゃぶしゃぶ用）
…200～300g
長ねぎ…3本
卵…2個（好みで）

【スープ】

A
- 水…1ℓ
- 鶏ガラスープの素…大さじ2
- 顆粒和風だし…小さじ1
- しょうゆ…大さじ2
- 塩…小さじ1/2

ごま油…小さじ1/2

【シメ】

冷凍うどん…1～2袋

作り方

1 長ねぎは斜め薄切りにする。

2 鍋にスープの材料のAを入れて混ぜ合わせ、中火にかける。

3 煮立ったらごま油を加えて1を適量加える。

4 長ねぎが食べごろになったら豚肉を入れてしゃぶしゃぶし、火が通ったら溶きほぐした卵にくぐらせて食べる。

5 一通り食べ終わったら解凍したうどんを加えてさっと煮る。

＊豚肉とねぎを少し残しておくとよりおいしい。

卵につけてどうぞ！

追いバターでコクをプラス。しみしみ白菜が絶品！

バタポンミルフィーユ鍋

材料（2人分）

白菜…1/4個
豚バラ薄切り肉…150g
A　だし汁…200ml
　　ポン酢…大さじ2
バター…15g
追いバター…15g

作り方

1　白菜は葉の間に豚肉1～2枚ずつを挟み、鍋の高さに合わせて切り分け、立てながら鍋にきっちり詰める。
2　Aを混ぜ合わせて1に注ぎ入れ、バターをのせてフタをし、中火で煮る。
3　豚肉に火が通ったら追いバターを散らし、溶けてきたら食べる。好みでポン酢や塩をつけてもおいしい。

だしを含んだふんわり鶏団子とおろしが絶妙！

鶏団子みぞれ鍋

材料（2人分）

鶏ももひき肉…250g
A　酒…大さじ2
　　片栗粉…大さじ1
　　しょうがチューブ…5cm
　　塩…小さじ1/4
　　こしょう…少々
水菜…1束
大根…1/4本
B　だし汁…300ml
　　みりん、しょうゆ…各大さじ1
　　塩…小さじ1/4

作り方

1　ボウルにひき肉とAを入れて粘りが出るまでしっかり混ぜ、直径3cmほどに丸める。
2　水菜は食べやすい長さに切り、大根はすりおろして水けをきる。
3　鍋にBを入れ中火にかけ、煮立ったら弱火にして1を加え、4～5分煮る。火が通ったら2を加えて食べる。

サクッと
食べたい日の
お手軽ごはん

バラ肉としょうがの黄金コンビで手軽にガッツリ

豚丼

材料（2人分）

豚バラ薄切り肉…200g
玉ねぎ…1個
温かいご飯…丼2杯分
A　水…250ml
　しょうゆ…大さじ2
　酒、砂糖…各大さじ1と1/2
　みりん…大さじ1
　顆粒和風だし…小さじ1
　しょうがチューブ…6cm
小ねぎ（小口切り）、紅しょうが…各適量

作り方

1　玉ねぎはくし形切りにする。
2　フライパンにAを入れて混ぜ合わせ、中火にかけて玉ねぎを加える。5分ほどグツグツ煮たら豚肉を加え、アクを取りながら10分ほど煮る。
3　丼にご飯を盛って2をのせ、小ねぎと紅しょうがを添える。

愛媛県の郷土料理を再現

宇和島鯛めし

材料（2人分）

鯛（刺し身用）…150g
温かいご飯…茶碗2杯分
酒…大さじ1と1/2
A　だし汁…大さじ4
　しょうゆ…大さじ2
　砂糖…大さじ1/2
卵黄…2個分
青じそ…2枚
白いりごま、刻み海苔…各適量

作り方

1　耐熱カップに酒を入れ、ラップをかけずに電子レンジで1分加熱し、Aを加えて混ぜ合わせる。
2　鯛は斜め薄切り、青じそは千切りにする。
3　茶碗に温かいご飯を盛り、2の鯛を1にくぐらせてのせる。卵黄、青じそ、白いりごま、刻み海苔をのせ、好みで残ったタレをかける。

餅を敷き詰めて2種のソースをトッピング

和風餅ピザ

材料（**2人分**）

切り餅…4個

A ┊ 明太子、マヨネーズ…各大さじ1/2

B ┊ みそ、マヨネーズ…各大さじ1/2

ピザ用チーズ、小ねぎ（小口切り）、
刻み海苔…各適量

ハーフアンドハーフに！

作り方

1 切り餅は厚みを半分に切り、クッキングシートやアルミホイルの上にくっつけて並べる。

2 AとBをそれぞれ混ぜ合わせ、1の餅の表面にそれぞれ塗ってピザ用チーズを散らす。

3 200℃に予熱したオーブン、またはトースターで餅がふくらむまで様子を見ながら10分ほど焼く。

4 器に盛り、小ねぎ（たっぷり）と刻み海苔を散らす。

黄身とバターでコクが倍増!

釜玉バターうどん

材料(2人分)
うどん…2玉
卵黄…2個分
バター…20g
刻み海苔…適量
しょうゆ…適量

作り方

1 うどんは熱湯で1〜2分ゆでてザルに取り、水けをきって器に1玉分ずつ盛る。
2 卵黄、バター、刻み海苔をのせ、しょうゆをまわしかける。

焼くことで青じその風味が引き立つ

天かすと青じその焼きおにぎり

材料(4個分)
青じそ(千切り)…4枚分
A 天かす…20g
 麺つゆ(3倍濃縮)…大さじ1と1/2
温かいご飯…600g(約2合)
サラダ油…大さじ1
しょうゆ…小さじ2

作り方

1 ボウルにAを混ぜ、温かいご飯を加えて混ぜ合わせる。
2 青じそを加えて混ぜ合わせ、4等分して好みの形ににぎる。
3 フライパンに油を中火で熱し、2を並べて焼く。両面に焼き色がついたらおにぎりにしょうゆを小さじ1/2ずつたらし、両面を1分ずつ焼く。

献立の考え方

◎ その日の気分で、ご飯かお酒か決めてテーマを考える

◎ なるべく「和・洋・中」などのジャンルを合わせる

◎ 野菜をたっぷり使う

◎ 「冷たいもの・冷めてもおいしいもの」と「熱々がおいしいもの」を組み合わせる

◎ 「こってり・スパイシー料理」と「あっさり料理」をセットにする

我が家の献立例

今日は飲みたい日

❶ 手羽先の甘辛焼き→p.122
［和・温・こってり］
❷ 三つ葉やっこの香油がけ→p.86
［和・冷・あっさり］
❸ スパイシー焼き枝豆→p.136
［和・温・スパイシー］
❹ ピリ辛カプレーゼ→p.113
［洋・冷・あっさり］
❺ 天かすと青じその焼きおにぎり→p.69［和・温・あっさり］

あるもので作る日

❶ 焼き肉のタレで麻婆なす→p.90
［中・温・こってり］
❷ スパイシー冷ややっこ→p.86
［和・冷・スパイシー］
❸ にんじんのうますっぱサラダ→p.83
［和・冷・あっさり］
❹ きゅうりのだしからし漬け→p.102
［和・冷・あっさり］

定番料理が食べたい日

❶ ねぎたっぷり豚しゃぶ鍋→p.64
［和・温・さっぱり］
❷ ツナマヨ塩昆布のマカロニサラダ→p.128
［和・冷・こってり］
❸ ピーマンのみそ煮→p.103
［和・温・こってり］

くり返し食べたくなる

野菜たっぷりおかず

我が家では1章の定番おかずに野菜をたっぷり使った
副菜を必ず1品は添えています。
サラダはもちろん、簡単な和え物や冷ややっこだけでも立派な献立に。
おなかも満たされます。

最速で作れる カンタン和え物

うまみたっぷり＆さっぱりがうれしい

トマトとじゃこの青じそ和え

材料（2人分）
トマト…1個
ちりめんじゃこ…13g
青じそ…3枚
しょうゆ…小さじ1
白いりごま…少々

作り方
1 トマトは8等分のくし形切り、青じそは千切りにする。
2 ボウルにすべての材料を入れて和える。

豆板醤と酢みそがあと引くおいしさ

もやしのピリ辛酢みそ和え

材料（2人分）

もやし…1袋

A 酢、砂糖…各小さじ1
みそ…小さじ2
豆板醤…小さじ1/2

作り方

1 もやしは熱湯で1分ほどゆでてザルに上げ、水けをきる。

2 ボウルにAを混ぜ合わせ、1を加えて和える。

いつもの和え物に梅を加えるだけ

小松菜の梅和え

材料（2人分）

小松菜…1束

梅干し…3個

A しょうゆ、みりん
…各小さじ1/2

作り方

1 小松菜は4cm幅に切り、耐熱ボウルに入れてラップをふんわりかけ、電子レンジで2分加熱してザルに入れ、粗熱をとる。

2 梅干しは種を取ってたたき、ボウルに入れてAと混ぜ合わせ、1を加えて和える。

独特の粘りとうまみでコクアップ

きゅうりのとろろ昆布和え

材料（2人分）

きゅうり…2本

A しょうゆ…大さじ1
赤唐辛子（小口切り）
…1/2本分

とろろ昆布
…適量（2つかみほど）

作り方

1 きゅうりは麺棒などでたたき、一口大に割る。

2 ボウルに1とAを入れて混ぜ合わせ、ラップをして冷蔵庫で10分以上冷やす。

3 食べる直前にとろろ昆布を混ぜ合わせる。

ねっとり食材をかつお節がまとめる

オクラとチーズのおかか和え

材料（2人分）

オクラ…7～9本
プロセスチーズ…30g
A しょうゆ…小さじ1
　みりん…小さじ1/2
かつお節…1袋（2.5g）

作り方

1 オクラは塩適量（分量外）をまぶして板ずりし、ガクのかたい部分をむく。沸騰した湯で2分ほどゆでて冷水に取り、水けを拭いて2cm幅の斜め切りにする。チーズはオクラに合わせて棒状に切る。

2 ボウルに**A**を混ぜ合わせ、**1**とかつお節を加えて和える。

さばのみそ煮缶が味の決め手

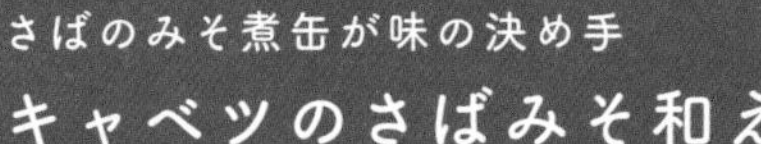

キャベツのさばみそ和え

材料（2人分）

キャベツ…1/4個
さばのみそ煮缶
　…1缶（190g）
酢、しょうゆ
　…各小さじ1

作り方

1 キャベツは1cm幅に切り、沸騰した湯で1分ほどゆでる。ザルに上げて粗熱をとり、水けを絞る。

2 ボウルにさばのみそ煮缶を缶汁ごと入れてほぐし、残りの材料を加えて和える。

クリームチーズを和え衣にした白和え風

いんげんのクリチ和え

材料（2人分）

いんげん…約12本
A クリームチーズ…30g
　しょうゆ、白いりごま
　　…各小さじ1
　かつお節…1.5g

作り方

1 いんげんは筋があれば取り、ヘタを切り落とす。塩少々（分量外）を入れた熱湯で2分ほどゆでて冷水にさらし、水けを取って4等分の長さに切る。

2 ボウルに**A**を混ぜ合わせ、**1**を加えて和える。

ほんのり甘い酢みそでさっぱり

長ねぎの酢みそ和え

材料（2人分）

長ねぎ…2本

A
- みそ、マヨネーズ…各大さじ1
- 酢…小さじ1
- からしチューブ、砂糖…各小さじ1/2

刻み海苔（あれば）…適量

作り方

1. 長ねぎは4cm長さに切り、縦半分に切る。
2. 1を熱湯で2〜3分ゆでてザルに上げ、水けをきる。
3. ボウルにAを混ぜ合わせて2を加えて和え、器に盛って刻み海苔をのせる。

春菊の苦みをツナマヨでまろやかに

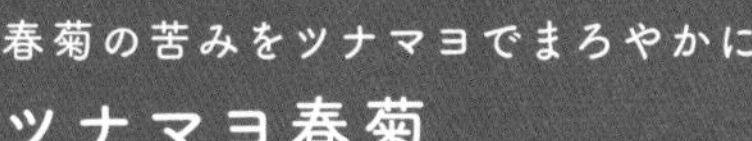

ツナマヨ春菊

材料（2人分）

春菊…1束

ツナ缶…1缶（70g）

A
- マヨネーズ…小さじ2
- 黒こしょう…適量

作り方

1. 春菊は熱湯に茎から入れて20秒ほどおいて葉までひたし、さらに40秒ほどゆでる。冷水に取って水けを絞り、1cm幅に切る。
2. ボウルに缶汁を半分きったツナと残りの材料を加えて和える。

加熱して甘みを引き出し和えるだけ

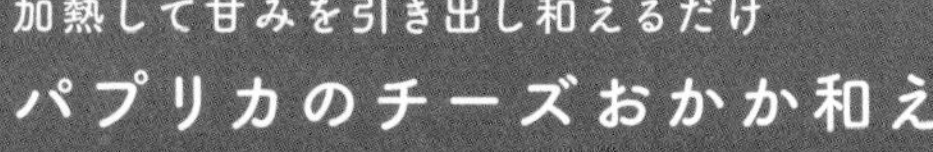

パプリカのチーズおかか和え

材料（2人分）

パプリカ…1個

プロセスチーズ…15g

わさびチューブ…小さじ1/2

しょうゆ…小さじ2

かつお節…1袋（2.5g）

作り方

1. パプリカは縦5mm幅に切り、耐熱ボウルに入れてラップをふんわりかけ、電子レンジで50秒加熱し、水けをしっかり拭き取る。チーズは細かく切る。
2. ボウルにすべての材料を入れて和える。

ご飯がすすむピリ辛韓国風

きゅうりのコチュジャン和え

材料（2人分）

きゅうり…2本

A
- コチュジャン…大さじ1/2
- しょうゆ、ごま油…各小さじ1/3
- にんにくチューブ…1cm
- 白いりごま…小さじ2

糸唐辛子（あれば）…適量

作り方

1. きゅうりは麺棒などでたたいて食べやすい大きさに割る。
2. ボウルに1とAを入れ混ぜ合わせる。器に盛り、糸唐辛子をのせる。

わさびでシャキッと味を締めて

三つ葉とちくわのわさび和え

材料（2人分）

三つ葉…1束

ちくわ…2本

A
- わさびチューブ…4cm
- 麺つゆ（3倍濃縮）…小さじ1

作り方

1. 三つ葉は根を落とし、耐熱ボウルに入れて塩少々（分量外）をふり、ラップをしないで電子レンジで30秒加熱し、水けを拭き取って3cm幅に切る。
2. ちくわは7mm幅の斜め切りにする。
3. ボウルにAを混ぜ合わせ、1と2を加えて和える。

刺激的な薬味で野菜をもりもり

大根ときゅうりの刺激たっぷり和え

材料（2人分）

大根…200g

きゅうり…2本

塩…小さじ1と1/2

A
- 白すりごま、ごま油…各大さじ2
- しょうゆ…小さじ1
- 砂糖、一味唐辛子…各小さじ1/2

B
- 長ねぎ…6cm
- しょうが、にんにく…各1かけ

作り方

1. 大根は1.5cm角に切り、きゅうりはたたいて4～5cm長さに割る。ボウルに入れて塩をふり、よく混ぜて10分ほどおく。
2. Bの材料をみじん切りにする。
3. 1をさっと洗って水けをきり、ボウルに入れてAを加えて混ぜ合わせ、2を加えて和える。

海苔の佃煮とからしを和えるだけ

長いもの甘辛和え

材料（2人分）

長いも…150g
貝割れ菜…1/4パック
海苔の佃煮…小さじ4
からしチューブ
…小さじ1/2

作り方

1 長いもは5mm厚さの半月切り（またはいちょう切り）、貝割れ菜は半分の長さに切る。

2 ボウルにすべての材料を入れて混ぜ合わせる。

たっぷりキムチで味が決まる！

エリンギのキムチ和え

材料（2人分）

エリンギ…2本
白菜キムチ…50g
しょうゆ…少々
白いりごま…適量

作り方

1 エリンギは塩少々（分量外）を加えた熱湯で1～2分ゆでてザルに上げ、粗熱をとって水けを拭き取り、縦6～8等分に裂く。

2 キムチは粗みじん切りにする。

3 ボウルに**1**と**2**、しょうゆを入れて混ぜ合わせ、器に盛って白いりごまをふる。

にんにくとごま油の香りが広がる

にんじんのにんにくしょうゆナムル

材料（2人分）

にんじん…1本
A ごま油、白いりごま
…各小さじ1
塩、しょうゆ
…各小さじ1/4
にんにくチューブ
…2cm

作り方

1 にんじんは3等分の長さに切って千切りにし、耐熱ボウルに入れてラップをふんわりかけ、電子レンジで2分加熱する。

2 **1**に**A**を加えて混ぜる。

レンチン加熱で味を凝縮！

小松菜のごま和え

材料（2人分）

小松菜…1束

A｜白すりごま…大さじ2
　｜砂糖、しょうゆ…各小さじ2

作り方

1 小松菜は3cm幅に切り、耐熱ボウルに入れてラップをふんわりかけ、電子レンジで2分加熱する。茎がやわらかくなったらザルに上げて粗熱をとり、水けをきる。

2 ボウルに**A**を混ぜ合わせ、**1**を加えて和える。

たっぷりの梅ペーストをからめて

キャベツときゅうりの梅和え

材料（2人分）

キャベツ…4枚

きゅうり…1本

塩…小さじ1/4

梅干し…3個

しょうがチューブ…3cm

酢…小さじ1

作り方

1 キャベツは3cm幅の短冊切り、きゅうりは5mm幅の小口切りにし、ボウルに入れて塩をもみ込み、10分ほどおいて水けをきる。

2 **1**に種を取ってたたいた梅干し、しょうが、酢を加えて和える。

たたいてサッと和えるだけ！

きゅうりの海苔しょうゆ和え

材料（2人分）

きゅうり…2本

A｜しょうゆ…大さじ1
　｜ごま油…小さじ1

焼き海苔（全形）…1/2枚

作り方

1 きゅうりは麺棒などでたたき、食べやすい大きさに割る。

2 ボウルに**1**と**A**を入れて混ぜ合わせ、ちぎった焼き海苔を加えて和える。

塩昆布とかつお節のうまみで食べる

ピーマンのおかか和え

材料（2人分）

ピーマン…6個

A
- 塩昆布…2つまみ
- しょうゆ…小さじ1/2
- かつお節…1袋（2.5g）
- 砂糖…少々

作り方

1. ピーマンは縦半分に切って横に7mm幅に切り、耐熱ボウルに入れてラップをふんわりかけ、電子レンジで1分40秒加熱し、水けをしっかり取る。
2. 1にAを加えて混ぜ合わせる。

わさびが爽やかなアクセントに

ツナときゅうりのみそわさび和え

材料（2人分）

きゅうり…1本

ツナ缶…1缶（70g）

A
- みそ…大さじ1と1/2
- わさびチューブ、みりん…各小さじ1/2

作り方

1. きゅうりは乱切りにし、ツナ缶は缶汁をきる。
2. ボウルにAを入れて混ぜ合わせ、1を加えて和える。

春菊の風味を生かしたさっぱり味

鶏むね肉と春菊のごまポン和え

材料（2人分）

鶏むね肉…250g

春菊…1/2束

A
- 酒…大さじ2
- 塩…小さじ2/3

B
- 白すりごま…大さじ2
- ポン酢…大さじ1と1/2
- ごま油…大さじ1/2
- ラー油…小さじ1/2

作り方

1. 鶏肉は耐熱皿にのせてAをかけ、ラップをふんわりかけて電子レンジで10分加熱する。そのまま粗熱をとり、食べやすい大きさにほぐす。
2. 春菊は塩少々（分量外）を加えた熱湯で1分ゆで、冷水に取って水けを絞り、3cm幅のざく切りにする。
3. ボウルにBを混ぜ合わせ、1と2を加えて和える。

薄切りごぼうの素揚げがグッド

水菜とごぼうのパリパリサラダ

材料（2人分）

水菜…3～4株
ごぼう…1/2本
サラダ油…適量
A ポン酢…大さじ2
　オリーブオイル…大さじ1

作り方

1 水菜は5cm幅に切る。ごぼうは皮つきのままピーラーでリボン状に削り、半分の長さに切って水に2分ほどさらし、水けを拭き取る。
2 フライパンに油を1cm深さに入れて170℃に熱し、ごぼうを入れて中火でカリッとするまで揚げる。
3 器に**1**の水菜、**2**を盛り、混ぜ合わせた**A**をかける。

ボリューム

シンプルだけどハマる！

梅海苔大根サラダ

材料（2人分）

大根…8cm
梅干し…4個
白だし…小さじ1
かつお節、刻み海苔…各適量

作り方

1 大根は4cm長さの千切りに、梅干しは種を取ってたたき、ペースト状にする。
2 ボウルに**1**と白だしを入れてしっかり混ぜ合わせる。
3 器に盛り、かつお節と刻み海苔をのせる。

ポリ＆うまっ！ クセになる味わい

たくあんポテサラ

材料（2人分）
じゃがいも…2個（250g）
たくあん（甘め）…50g
ゆで卵…1個
マヨネーズ…大さじ5
黒こしょう…少々

作り方

1 じゃがいもは小さく切り、耐熱ボウルに入れてラップをふんわりかけ、電子レンジで3分30秒加熱する。
2 たくあんとゆで卵は粗みじん切りにする。
3 **1**を粗くつぶし、**2**とマヨネーズを加えて和え、黒こしょうをふる。

サラダ

山椒ドレッシングが新鮮！

水菜とツナの山椒サラダ

材料（2人分）
水菜…2〜3株
青じそ…5枚
ツナ缶…1缶（70g）
A 酢…大さじ1と1/2
砂糖…大さじ1
塩…小さじ1/2
ごま油…小さじ1
粉山椒…少々

作り方

1 水菜は4cm幅に切り、青じそは千切り、ツナ缶は缶汁をきり、ボウルに入れて混ぜる。
2 **A**を混ぜ合わせて**1**に加え、しっかり和える。

野菜がもりもり食べられる食感が楽しい一品

たくあんと鶏ささ身のサラダ

材料(2人分)

たくあん…15g
鶏ささ身…2本
玉ねぎ…1/4個
きゅうり…1本
トマト…1個
レタス…4枚
A　酒…大さじ1
　　塩こしょう…少々
B　マヨネーズ…大さじ3
　　白すりごま…大さじ2
　　ポン酢…大さじ1と1/2
　　砂糖…小さじ2
　　ごま油…小さじ1と1/2

作り方

1　玉ねぎは横に極薄切りにし、10分以上おいて辛みを抜く。きゅうりは斜め薄切り、トマトはくし形切り、レタスは食べやすくちぎり、たくあんは細切りにする。
2　ささ身は耐熱容器に入れてAをふり、ラップをかけて電子レンジで2分加熱し、粗熱をとってほぐす。
3　器に1の野菜を盛り、2とたくあんをのせ、混ぜ合わせたBをかける。

キムチとごま油で食べるお手軽サラダ

春菊のチョレギ風サラダ

材料(2人分)

春菊…1束
白菜キムチ…80g
ごま油…小さじ2
塩…少々
焼き海苔(全形)…1/2枚

作り方

1　春菊は葉を摘み、冷水につけてシャキっとさせて水けをきる。
2　器に盛り、キムチをのせてごま油をまわしかけ、塩をふってちぎった海苔を散らす。

甘みと塩けが絶妙なバランス!

さつまいもとベーコンのカレーマヨサラダ

材料(2人分)

さつまいも…1本
ベーコン(ハーフ)…1パック
オリーブオイル…小さじ1/2
A　マヨネーズ…大さじ3
　　カレー粉…小さじ1/2
パセリ(みじん切り)…少々

作り方

1　さつまいもは1cm角に切り、水に3分つけて水けをきる。耐熱ボウルに入れてラップをふんわりかけ、電子レンジで5分加熱する。ベーコンは7mm幅に切る。
2　フライパンにオリーブオイルとベーコンを入れ、弱火でカリカリになるまでじっくり炒める。
3　別のボウルにAを入れて混ぜ合わせ、1のさつまいもと2を加えて和える。
4　器に盛り、パセリを散らす。

和のおかずと相性抜群！

水菜としらすの だししょうゆサラダ

材料（2人分）

水菜…3～4株
しらす…大さじ4
A 長ねぎ（みじん切り）…3cm分
　だし汁…大さじ1と1/2
　しょうゆ…大さじ1

作り方

1 水菜は4cm幅に切って器に盛り、しらすをのせる。
2 混ぜ合わせたAをかける。

肉料理の箸休めにおすすめ！

にんじんのうますっぱサラダ

材料（2人分）

にんじん…1本
ツナ缶…1缶（70g）
A 酢…大さじ2
　粒マスタード…大さじ1
　砂糖…小さじ1
　塩…小さじ1/4
　にんにくチューブ…2cm
黒こしょう…少々
パセリ（みじん切り）…少々

作り方

1 にんじんは細切りにし、耐熱ボウルに入れてAを加えてしっかり混ぜ合わせる。ラップをふんわりかけ、電子レンジで3分加熱し、粗熱をとる。
2 ツナは軽く缶汁をきり、1に加えて和える。
3 器に盛り、黒こしょうとパセリを散らす。

ごまでコクを出したマヨドレがたまらない

白菜のツナマヨごまサラダ

材料（2人分）

白菜…1/8個
A ツナ缶（缶汁ごと使用）…1缶（70g）
　マヨネーズ…大さじ1と1/2
　白すりごま、白いりごま…各大さじ1
　麺つゆ（3倍濃縮）…小さじ1
　黒こしょう…少々

作り方

1 白菜は葉を3cm幅、芯を1.5cm幅に切り、熱湯に芯を入れて30秒ゆでてから葉を加え、芯がやわらかくなるまでゆでてザルに上げ、そのまま冷ます。
2 ボウルにAを入れて混ぜ合わせ、1の水けをきって和える。

野菜に合うディップ

青じそをきかせて定番の梅きゅうに

梅ディップ

材料と作り方（2人分）

梅干し4〜6個は種を取ってたたき、なめらかなペースト状にする。青じそ4枚はみじん切りにし、梅、ごま油小さじ1/2を加えて混ぜる。おすすめの野菜はきゅうりスティック（2本分）。

みそを隠し味にしてコクをアップ！

ツナマヨディップ

材料と作り方（2人分）

缶汁をきったツナ缶1缶（70g）、マヨネーズ大さじ3、みそ小さじ1を混ぜ合わせる。おすすめの野菜はきゅうりスティック（2本分）。

レモン汁でくさみをおさえ爽やかに

明太マヨディップ

材料と作り方（2人分）

薄皮を除いた明太子大さじ1〜2、マヨネーズ大さじ2、レモン汁小さじ1/2を混ぜ合わせる。おすすめ野菜は大根スティック（10cm分）。

豆板醤の辛みがポイント！

ピリ辛みそディップ

材料と作り方（2人分）

マヨネーズ大さじ1、みそ、豆板醤各小さじ1を混ぜ合わせる。おすすめ野菜はちぎったキャベツ（3〜4枚分）

これさえあれば！の冷ややっこバリエ

まずは、豆腐の下ごしらえ

豆腐1丁はペーパータオルに包んで10分以上おき、水きりする。

すっぱうまいリッチな味わい

塩昆布トマト冷ややっこ

材料と作り方（2人分）

水きりした絹豆腐1丁は食べやすい大きさに切って器に盛る。トマト1/2個は1cm角、長ねぎ5cmはみじん切りにし、塩昆布、オリーブオイル、白いりごま各大さじ1、黒こしょう少々を加えてしっかり混ぜ合わせ、豆腐にのせる。

天かすが味にリズムをつける

たぬきやっこ

材料と作り方（2人分）

水きりした絹豆腐1丁は食べやすい大きさに切って器に盛る。天かす、小口切りにした小ねぎ各大さじ2をのせ、麺つゆ（3倍濃縮）と水各大さじ2を混ぜ合わせたつゆをかける。

ピリ辛ラー油で豆腐の甘みが際立つ

塩ラー油やっこ

材料と作り方（2人分）

水きりした木綿豆腐1丁は厚みを半分に切って器に盛る。ラー油と塩各適量かけ、しょうがチューブ適量をのせる。

＊ラー油はかけすぎると辛いので、味が足りないときは塩を足す。

個性的な食材をポン酢でまとめる

ツナ玉やっこ

材料と作り方（2人分）

水きりした絹豆腐1丁は食べやすい大きさに切って器に盛る。玉ねぎ1/2個は薄切りにして15分おいて辛みを抜き、青じそ3枚は千切り、ツナ缶1缶（70g）は缶汁をきり、豆腐にのせてポン酢適量をかける。

オリーブオイルで洋風の味に！

セロリとハムの塩やっこ

材料と作り方（2人分）

水きりした絹豆腐1丁は食べやすい大きさに切って器に盛る。セロリ1/2本は筋を取って粗みじん切り、ハム2枚は粗みじん切りにして豆腐にのせる。塩、黒こしょう各適量をふり、オリーブオイルを適量かける。

にんにくとごま油が香る中華風

スパイシー冷ややっこ

材料と作り方（2人分）

水きりした絹豆腐1丁は食べやすい大きさに切って器に盛る。小口切りにした小ねぎ20g、しょうが・にんにくのみじん切り各1かけ分、白すりごま小さじ1、しょうゆ、ごま油各大さじ1を混ぜ合わせ、豆腐にかけて黒こしょう適量をふる。

とろろ昆布をからめてどうぞ！

とろろ昆布冷ややっこ

材料と作り方（2人分）

水きりした絹豆腐1丁は食べやすい大きさに切って器に盛る。とろろ昆布、貝割れ菜各適量をのせ、食べる直前にしょうゆを適量かける。

手作りなめたけをのっけるだけ

なめたけ冷ややっこ

材料と作り方（2人分）

水きりした絹豆腐1丁は食べやすい大きさに切って器に盛る。鍋に食べやすく切ったえのきたけ1袋分、酒、しょうゆ、みりん各大さじ2、砂糖大さじ1を入れて煮る。とろみがついたら酢小さじ1を加えてひと煮立ちさせ、豆腐にかける。

熱々のにんにくごま油をかけて

三つ葉やっこの香油がけ

材料と作り方（2人分）

水きりした木綿豆腐1丁は食べやすい大きさに切って器に盛る。三つ葉1束は2cm幅に切り豆腐にのせる。フライパンにごま油大さじ2、にんにくのみじん切り1かけ分を中火で熱し、香りが立ったら豆腐にかけて塩と黒こしょう各適量をふる。

くずしておいしい！

高菜とごま油でご飯にも合う！

高菜とねぎのくずし豆腐

材料と作り方（2人分）

水きりした木綿豆腐1/2丁は手でくずしながらボウルに入れ、細かく刻んだ高菜漬け40g、小口切りにした小ねぎ2本分、塩少々、ごま油小さじ1/2、七味唐辛子適量を加えてさっくりと和える。

切って和えるだけのサラダ風

ねぎ塩アボカド豆腐

材料と作り方（2人分）

アボカド1個は2cm角に切り、ボウルに入れてレモン汁大さじ1をまぶし、みじん切りにした長ねぎ10cm分とごま油小さじ2を加えて混ぜ合わせる。水きりした木綿豆腐1丁をスプーンなどで一口大にすくって加えて和え、塩、黒こしょうで味を調える。

さばのみそ煮缶があればすぐできる

さばみそやっこ

材料と作り方（2人分）

水切りした木綿豆腐1丁は手で一口大にちぎって器に盛る。食べやすくほぐしたさばのみそ煮缶1缶（190g）を缶汁ごとかけ、小口切りにしたみょうが1個分、千切りにした青じそ4枚分をのせる。

野菜をメインに

肉ダネをいろいろな野菜で挟むだけ

野菜餃子

材料（野菜7種各8個分）

【肉ダネ】
豚ひき肉…400g
長ねぎ（みじん切り）
…1本分
にら（みじん切り）…1/2束分
片栗粉…大さじ2
酒、しょうゆ、ごま油…各大さじ1
砂糖…小さじ1
しょうがチューブ、
にんにくチューブ…各5cm
塩こしょう…少々

【野菜】
なす…1本
にんじん…1本
ズッキーニ…3/4本
れんこん…1節
ゴーヤ…3/4本
かぼちゃ…1/8個
青じそ…8枚

片栗粉…適量
ごま油…大さじ2

【タレ】
◎餃子のタレ
…酢大さじ2、
しょうゆ大さじ1、ラー油適量
◎マヨダレ
…マヨネーズ小さじ3、
豆板醤、みそ各小さじ1
◎ねぎポン
…ポン酢、小ねぎ（小口切り）
各適量

作り方

1 肉ダネの材料をボウルに入れて粘りが出るまでよく混ぜ合わせ、ラップをかけて冷蔵庫で30分ほど寝かせる。

2 青じそ以外の野菜はそれぞれ5mm厚さに切り、各8組（16枚）用意する。なす、にんじん、ズッキーニは輪切り、れんこんは半月切り（細いものは輪切り）、かぼちゃは薄切りにして2～4等分に切り、ゴーヤは輪切りにしてワタを取る。なすは水に10分、れんこんは酢水（分量外）に5分つけて水けをしっかり拭き取る。

3 **2**の野菜と青じそをビニール袋に2～3回に分けて入れ、片栗粉をまんべんなくまぶす。

4 **1**の肉ダネを**3**の野菜でスプーン1杯分ずつ挟む。青じそは肉ダネをのせて折って挟む。

5 ホットプレートを200℃に温め、ごま油をひいて火が通りづらいものから並べる。
＊フライパンで作ってもOK。

6 フタをして5分、ひっくり返して1～2分焼く。

7 火が通ったら保温にし、混ぜ合わせた3種のタレをつけて食べる。

なす

鶏肉の代わりに炒めたなすを主役に

なすだけ油淋鶏

材料（2人分）

なす…3本

サラダ油…大さじ3

A 長ねぎ（みじん切り）…1本分
砂糖、しょうゆ、酢、水…各大さじ1と1/2
ごま油、片栗粉…各小さじ1/2

作り方

1 なすは乱切りにする。

2 フライパンに油を中火で熱し、1を焼き色がつくまで焼いて取り出す。

3 2のフライパンの油を拭き取り、火はつけずにAを入れてしっかり混ぜてから弱めの中火でとろみがつくまで煮詰める。

4 2を器に盛り、3をかける。

面倒なソースを焼き肉のタレで！

焼き肉のタレで麻婆なす

材料（2人分）

豚ひき肉…100g

なす…2本

ごま油…大さじ2

しょうがチューブ…5cm

焼き肉のタレ…大さじ4

水溶き片栗粉…水大さじ2と片栗粉小さじ1と1/2を混ぜたもの

ラー油、粉山椒（あれば）…各適量

作り方

1 なすは縦8等分して半分の長さに切り、水に3分ほどつけて水けをきる。

2 フライパンにごま油を中火で熱し、しょうがとひき肉を入れて炒める。肉の色が変わったらなすを加え、しんなりしたら焼き肉のタレを加えて弱火にし2分ほど炒める。

3 火を止めて水溶き片栗粉を加え、混ぜてとろみをつける。とろみがつかない場合は弱火で温め直す。

4 器に盛り、ラー油と粉山椒をかける。

酢をきかせたタレで暑い日にも

なすのさっぱり焼きびたし

材料（2人分）

なす…4本

ごま油…大さじ1

A 酢、しょうゆ…各大さじ2
砂糖…小さじ2
鶏ガラスープの素…小さじ1
白すりごま…大さじ1
小ねぎ（小口切り）…3本分

作り方

1 なすは縦半分に切り、皮目に格子状に切り込みを入れる。

2 フライパンにごま油を中火で熱し、1を両面こんがり焼いて器に盛る。

3 2のフライパンにAを入れ、グツグツ煮立たせてなすにかける。

トマト

チーズをのっけて焼くだけ！

トマトチーズ焼き

材料（2人分）

トマト…2個

A ガーリックパウダー…小さじ1/2
塩…少々
ピザ用チーズ…30g
粉チーズ…小さじ1
オリーブオイル…小さじ2

黒こしょう、乾燥パセリ…各適量

作り方

1 トマトは横1cm幅の輪切りにして耐熱皿に並べ、Aを全体にかける。

2 オーブンやトースターでチーズがこんがりするまで様子を見ながら10分ほど焼く。

3 黒こしょうと乾燥パセリを散らす。

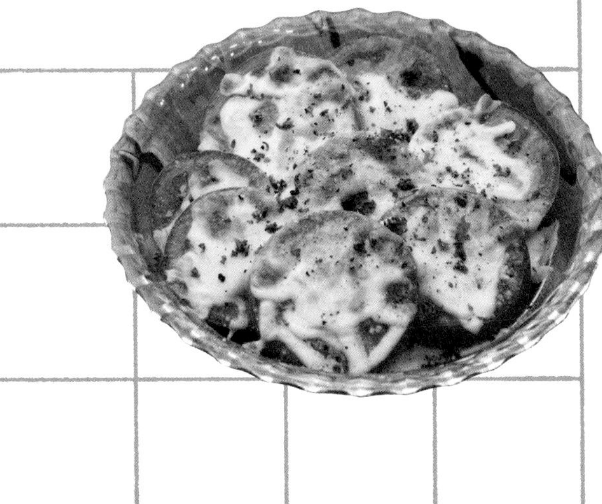

カリカリベーコンを和風ダレに

和風ベーコンねぎトマト

材料（2人分）

トマト…2個

ベーコン（ハーフ）…3枚

サラダ油…小さじ1

A しょうゆ…大さじ1と1/2
ごま油…大さじ1

小ねぎ（小口切り）…適量

作り方

1 トマトは横薄切り、ベーコンはみじん切りにする。

2 フライパンに油を中火で熱し、ベーコンをカリカリになるまで焼く。

3 ボウルにAを入れて混ぜ合わせて2を加える。

4 器にトマトを並べて3をかけ、小ねぎを散らす。

ごま油とにんにくを加えたナムル風

トマトの塩昆布和え

材料（2人分）

トマト…2個

塩昆布…ふたつまみ

ごま油…大さじ1

にんにくチューブ…2cm

塩…少々

作り方

1 トマトは一口大の乱切りにする。

2 ボウルにすべての材料を入れてよく和える。

ブロッコリー

サクサク＆ホクホクがクセになる

ブロッコリーのお焼き

材料（2人分）

ブロッコリー…100g
キャベツ…200g
A　お好み焼き粉…70g
　　水…80ml
サラダ油…大さじ1
ポン酢…適量

作り方

1　ブロッコリーは小房に分け、大きいものは2～4等分に切る。塩適量（分量外）を加えた熱湯で1分ほどゆでてザルに上げ、粗熱をとる。キャベツは粗みじん切りにする。
2　ボウルに**A**を入れて混ぜ、**1**を加えて混ぜ合わせる。
3　フライパンに油を中火で熱し、**2**を入れて平らにし、両面をこんがりと焼く。
4　器に盛り、ポン酢を添える。

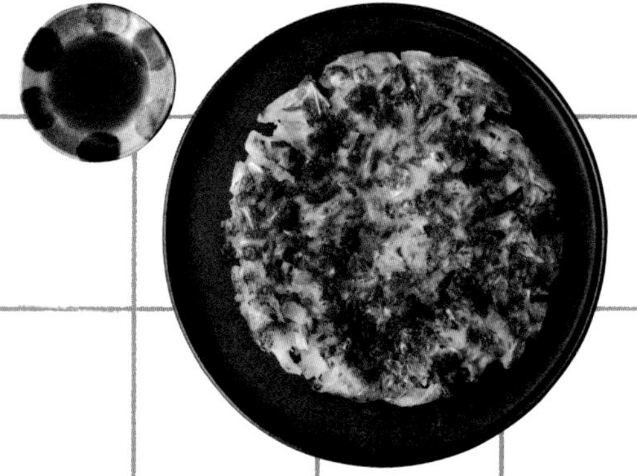

卵とマヨチーズのまろやかテイスト

ブロッコリーのピカタ

材料（2人分）

ブロッコリー…100g
小麦粉…大さじ1
A　溶き卵…1個分
　　塩こしょう…少々
オリーブオイル…小さじ1
マヨネーズ、粉チーズ…各適量

作り方

1　ブロッコリーは小房に分け、耐熱容器に並べる。ラップをふんわりかけて電子レンジで2分加熱し、水けを取って小麦粉を薄くまぶす。
2　ボウルに**A**を入れて混ぜ合わせ、ブロッコリーを加えて全体にからめる。
3　フライパンにオリーブオイルを中火で熱し、**2**を両面こんがりと焼く。
4　器に盛り、マヨネーズと粉チーズをかける。

梅とからしマヨを和えるだけ

ブロッコリーの茎の和え物2種

材料（2人分）

ブロッコリーの茎…1個分
A　梅干し（種を取りたたく）…1個分
　　ごま油…小さじ1/2
B　マヨネーズ…小さじ1と1/2
　　からしチューブ…小さじ1/2

作り方

1　ブロッコリーの茎は皮を厚めにむき、3～4cm長さの細切りにする。塩小さじ1/2（分量外）を加えた熱湯300mlで1分30秒ゆでてザルに上げ、水けをきる。
2　**1**を等分にしてボウルに入れ、**A**と**B**をそれぞれに加えて和える。

玉ねぎ

ほんのりバジルが香るジューシー玉ねぎ

玉ねぎのハーブフライ

材料（2人分）

玉ねぎ…2個

A 小麦粉…大さじ4
水…大さじ1
卵…1個

B パン粉…1カップ
乾燥バジル…大さじ1

サラダ油…適量

作り方

1 玉ねぎは8等分のくし形切りにし、くずれないように爪楊枝を刺す。
2 AとBをそれぞれバットに混ぜ合わせる。
＊Aがかたい場合は水を少量加える。
3 1にA、Bの順に衣をつける。
4 フライパンに油を1cm深さに入れて熱し、3を弱めの中火で全体がきつね色になるまで揚げる。器に盛り、好みでマヨネーズ、ケチャップ、塩をつけて食べる。

サッと炒めて甘みを引き出す

梅おかか玉ねぎ

材料（2人分）

玉ねぎ…1個
梅干し…2個
酒…大さじ1
オリーブオイル…大さじ1/2
しょうゆ…小さじ1/2
かつお節…1袋（2.5g）

作り方

1 玉ねぎは縦半分に切り繊維に沿って1.5cm幅に切る。梅干しは種を取って粗く刻み、酒を混ぜ合わせておく。
2 フライパンにオリーブオイルを中火で熱し、玉ねぎが透き通るまで炒める。1の梅干しとしょうゆを加えてサッと炒め合わせ、火を止めてかつお節を加えて混ぜる。

熱々に麺つゆをかけて味をなじませて

まるごと玉ねぎのレンジ蒸し

材料（2人分）

玉ねぎ…2個
麺つゆ（3倍濃縮）…大さじ1
マヨネーズ…適量
かつお節…1袋（2.5g）

作り方

1 玉ねぎは上下を切り落とし、上から7割深さくらいまで十字の切り込みを入れる。
2 耐熱皿に並べてラップをふんわりかけ、電子レンジで6分加熱する。
3 器に盛り、麺つゆとマヨネーズをかけ、かつお節をのせる。

じゃがいも

しっかりからめるほどおいしい

じゃがいものバターしょうゆ炒め

材料（2人分）

じゃがいも…2個
サラダ油…大さじ1/2
A 酒、しょうゆ
…各大さじ1/2
バター…5g

作り方

1 じゃがいもは縦に8mm角の棒状に切る。水につけてサッと洗い、水けをきる。
2 フライパンに油を中火で熱し、1を5分ほど炒める。
3 Aを加えて1〜2分炒めたらバターを加えて全体にからめる。

からしとの相性も抜群ないも煮風

じゃがいもの焼き肉のタレ煮

材料（2人分）

じゃがいも…2個
A 水…150ml
焼き肉のタレ
…大さじ1と1/2
にんにくチューブ…3cm

作り方

1 じゃがいもは8等分に切り、水に5分ほどさらす。
2 鍋に1とAを入れて落としブタをし、中火にかけてグツグツ沸いてから8分煮る。
3 落としブタを取って汁けがなくなるまで煮る。
4 器に盛り、好みでからしをつけて食べる。

鶏肉でアレンジしたこくうまな一品

塩バタ肉じゃが

材料（2人分）

じゃがいも…3個
鶏もも肉…250g
A 水…300ml
酒…大さじ1
顆粒コンソメ
…小さじ1/2
塩…小さじ1/3
バター…10g

作り方

1 鶏肉は一口大に、じゃがいもは3cm角に切る。
2 鍋にAを入れて中火で煮立たせ、1を加えて煮る。アクを取って弱火にし、15分煮る。
3 じゃがいもがやわらかくなったら火を止めてバターを加え、余熱で溶かす。

にんじん

明太子の食感と風味が食欲をそそる

にんじんとしらたきの明太子炒め

材料（2人分）

にんじん…1本
しらたき（アク抜き済み）…1袋（100g）
明太子…30g
ごま油…小さじ2
A みりん、しょうゆ…各小さじ2

作り方

1 にんじんは斜め薄切りにしてから千切り、しらたきは食べやすい長さに切り、明太子は薄皮を取る。
2 フライパンにしらたきを入れて中火にかけ、混ぜながら水分を飛ばす。
3 ごま油とにんじんを加えて炒め、にんじんがしんなりしたら明太子を加えてサッと混ぜ、Aを加えて混ぜ合わせる。

作りおきにもおすすめ！

キャロットラペ

材料（2人分）

にんじん…3本
ツナ缶…1缶（70g）
くるみ（無塩）…約30g
塩…小さじ1/4
A 酢、オリーブオイル…各大さじ5
　砂糖…小さじ2
　黒こしょう…少々
乾燥バジル…適量

作り方

1 にんじんは斜め薄切りにしてから千切りにし、塩をふって10分ほどおき、水けを絞る。
2 くるみは砕いてフライパンで乾いりする。
3 ボウルにAを入れて混ぜ合わせ、1と2、缶汁を半分きったツナ缶、乾燥バジルを加えて混ぜ、冷蔵庫で20分以上おいて味をなじませる。

コクのある甘さとごまの香ばしさがグッド

にんじんと油揚げの甘みそ炒め

材料（2人分）

にんじん…1本
油揚げ…2枚
サラダ油…大さじ1/2
A みりん…20ml
　みそ…小さじ2
　しょうゆ…大さじ1/2
白いりごま…大さじ1

作り方

1 にんじんは斜め薄切りにしてから千切りにする。
2 油揚げは余分な油を拭き取り、短冊切りにする。
3 フライパンに油を中火で熱し、1と2を炒める。にんじんがしんなりしたら混ぜ合わせたAを加え、炒め合わせて白ごまを加えて混ぜる。

キャベツ

パリパリキャベツが無限に食べられる

ツナガーリックのせキャベツ

材料（2人分）

キャベツ…4枚
ツナ缶…1缶（70g）
にんにく（みじん切り）
…1かけ分
ごま油…大さじ1
A みりん、しょうゆ
…各大さじ1
小ねぎ（小口切り）…適量

作り方

1 キャベツは食べやすい大きさにちぎり、器に盛る。
2 フライパンにごま油を中火で熱し、にんにくと缶汁をきったツナを入れて1分ほど炒める。Aを加えて混ぜ、グツグツしたら1にかけて小ねぎをのせる。

酸みをきかせたエスニック風味

焼きキャベツ カレー味

材料（2人分）

キャベツ…縦1/4個
A カレー粉…小さじ1/2
にんにくチューブ
…2cm
しょうゆ、酢、オリーブ
オイル…各大さじ1
オリーブオイル
…大さじ1（焼き用）

作り方

1 キャベツは葉が外れないように芯を残して縦半分に切る。
2 フライパンにオリーブオイルを中火で熱し、1を中がしんなりして外がこんがりするまで両面焼いて器に盛る。
3 2のフライパンに混ぜ合わせたAを入れ、ひと煮立ちさせて2にかける。

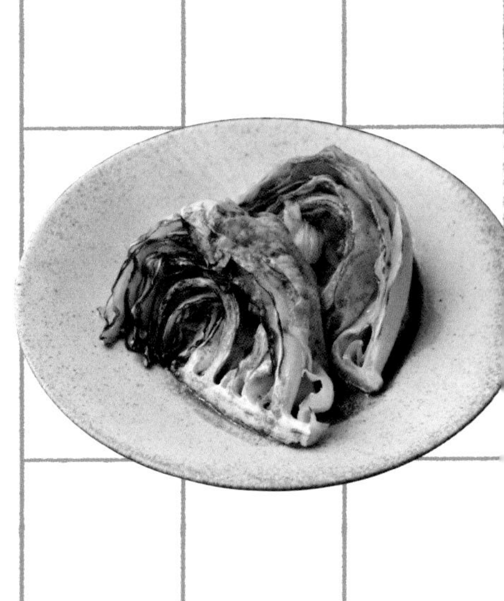

シビれる辛さがクセになる

ダークキャベツ

材料（2人分）

キャベツ…1/4個
塩…大さじ1/4
【ピリ辛ダレ】
しょうゆ、酢、砂糖
…各大さじ1
しょうが（みじん切り）
…1/2かけ分
ラー油…小さじ1
粉山椒…小さじ1/4

作り方

1 キャベツは3cm角に切ってポリ袋に入れ、塩をふって口を閉じて10〜15分ほどおく。しんなりしたらサッと洗って水けをきる。
2 ボウルに1とピリ辛ダレの材料を入れて和える。

長ねぎ

サッと混ぜて焼くだけ！

ねぎ焼き

材料（2人分）

長ねぎ…1本
天ぷら粉…大さじ4
水…50ml
ごま油…大さじ1
ポン酢、一味唐辛子…各適量

作り方

1 長ねぎは斜め薄切りにしてボウルに入れ、天ぷら粉をサッと混ぜて水を加えて混ぜ合わせる。
2 フライパンにごま油を中火で熱し、1を入れて平らに広げヘラなどで押しつけながら2～3分焼く。こげ目がついたらひっくり返し、再度、押しつけてフチからごま油大さじ1（分量外）をまわし入れ、強火で両面をこんがり焼く。
3 食べやすく切って器に盛り、ポン酢、一味唐辛子を添える。

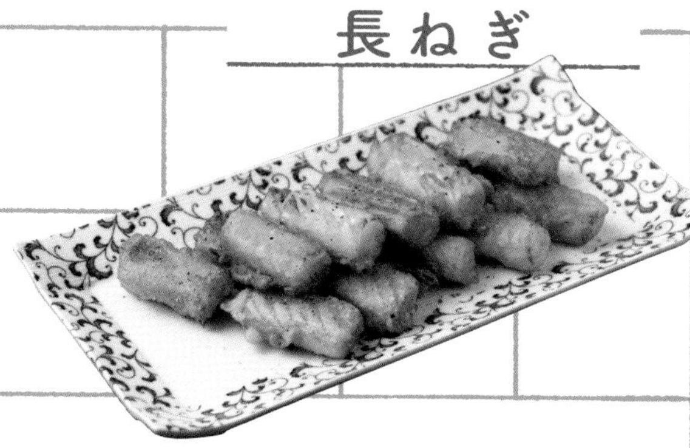

衣はカリカリ、中のねぎはとろ～ん

長ねぎの唐揚げ

材料（2人分）

長ねぎ…2本
片栗粉…大さじ1
A 小麦粉…大さじ6
　片栗粉…大さじ1
　鶏ガラスープの素…小さじ2
　水…90ml
　しょうゆ…小さじ2
サラダ油…大さじ4
ごま油…大さじ1
塩こしょう…適量

作り方

1 長ねぎは5mm幅に2/3深さまで斜めに切り込みを両面に入れてから3cm幅に切り、全体に片栗粉をまぶす。
2 ボウルにAを混ぜ合わせ、1を入れてからめる。
3 フライパンにサラダ油とごま油を入れて中火で熱し、2のねぎを揚げる。全体がこんがりしてきたら強火にし、カリッと仕上げる。
4 器に盛り、塩こしょうをふる。

コクと甘みのスピードおかず

長ねぎマヨチーズ焼き

材料（2人分）

長ねぎ…2本
マヨネーズ、
　ピザ用チーズ…各適量
塩…少々

作り方

1 長ねぎは3～4cm幅に切り、耐熱皿に並べる。全体にマヨネーズをかけ、塩、ピザ用チーズを散らす。
2 トースターやオーブンでチーズがこんがりするまで7分ほど焼く。

きのこ

豆腐にのせたりご飯のお供にも

ミックスきのこのしょうゆ漬け

材料（2人分）

エリンギ…2本
しめじ、まいたけ…各1パック
A しょうゆ…大さじ1と1/2
　みりん…小さじ2
　ごま油…小さじ1
　赤唐辛子（小口切り）…ひとつまみ

作り方

1 エリンギは半分の長さに切ってから縦に4〜6等分に切り、しめじとまいたけはほぐして耐熱容器へ入れる。ラップをふんわりかけて電子レンジで4分加熱し、水けをきる。
2 Aを混ぜ合わせて1に加えて和える。すぐに食べても、少し漬けてから食べてもおいしい。

ジュワッ＆サクッとおいしさ広がる

しいたけのマヨパン粉焼き

材料（2人分）

しいたけ…6枚
A パン粉…大さじ5
　マヨネーズ…大さじ3
　しょうゆ…小さじ1

作り方

1 しいたけは軸を取る。
2 ボウルにAを入れて混ぜ合わせ、1のかさの内側に等分に詰める。
3 2をアルミホイルにのせ、トースターやオーブンでパン粉がこんがりするまで7分ほど焼く。

絶品！　肉に負けない満足感

エリンギ柚子こしょうフライ

材料（2人分）

エリンギ…4本
柚子こしょう…適量
A 小麦粉、水…各大さじ6
パン粉…適量
サラダ油…適量

作り方

1 エリンギは縦半分に切り、縦の真ん中に切れ目を入れて切り口に柚子こしょうを塗り込む。
2 Aを混ぜて溶き、1にA、パン粉の順にまんべんなくつける。
3 フライパンに油を1cm深さに入れて180°Cに熱し、2を中火できつね色になるまでカリッと揚げる。好みでレモンを添える。

小松菜

シャキシャキ食感のからし漬け

小松菜のピリ辛漬け

材料（2人分）

小松菜…1束
A しょうゆ…大さじ1と1/2
酢…小さじ1
砂糖…小さじ1/2
からしチューブ…3cm

作り方

1 小松菜は3cm幅に切る。
2 耐熱ボウルにAを混ぜ合わせ、1を加えて軽く混ぜる。ラップをふんわりかけて電子レンジで1～2分、小松菜がしんなりするまで加熱する。
3 2が温かいうちに混ぜ直し、そのままおいて粗熱をとる。

ハムの塩味とうまみをポイントに

小松菜とハムの塩ごま油和え

材料（2人分）

小松菜…1/2束
ハム…2枚
塩…小さじ1/3
ごま油…大さじ1

作り方

1 小松菜は熱湯で1分ほどゆでて冷水に取って冷まし、水けを絞って3cm幅に切る。ハムは短冊切りにする。
2 ボウルにすべての材料を混ぜ合わせる。

ポン酢の酸みと、からしの辛みがよく合う

小松菜と海苔のからしポン酢和え

材料（2人分）

小松菜…1/2束
焼き海苔（全形）…1/2枚
A からしチューブ…1cm
ポン酢…大さじ1

作り方

1 小松菜は熱湯で1分ほどゆでて冷水に取って冷まし、水けを絞って3cm幅に切る。
2 ボウルにAを入れて混ぜ合わせ、1とちぎった焼き海苔を加えて和える。

大根

ポリポリやみつきになる味！

焼き肉タレの大根漬け

材料（2人分）

大根…10cm

A ツナ缶（缶汁をきる）…1缶（70g）
焼き肉のタレ…大さじ3

作り方

1 大根は7mm角の棒状に切る。

2 ポリ袋に1とAを入れてもみ込み、大根がしんなりするまで15分以上おく。

小麦粉がタレを吸って濃厚味に！

ガリバタ大根ステーキ

材料（2人分）

大根…6cm

小麦粉…適量

バター…10g

A 酒…大さじ1
しょうゆ…小さじ2
にんにくチューブ…3cm

小ねぎ（小口切り）…適量

作り方

1 大根は1.5cm幅の輪切りにし、片面に十字に切り目を入れる。切り目を上にして耐熱皿に並べ、ラップをふんわりかけて電子レンジで3分加熱し、裏返して再度ラップをかけ、さらに3分加熱する。

2 大根の水けを取り、両面に小麦粉を薄くまぶす。

3 フライパンにバターを中火で熱し、2を両面に焼き色がつくまで焼く。火を止めてAを加え、再度中火で汁けがなくなるまで焼く。

4 器に盛り、小ねぎを散らす。

サッと炒めるのがポイント

大根とハムの黒こしょう炒め

材料（2人分）

大根…6cm

ハム…4枚

サラダ油…大さじ1/2

塩…小さじ1/5

黒こしょう…少々

作り方

1 大根は細切り、ハムは短冊切りにする。

2 フライパンに油を中火で熱し、大根を炒める。透き通ってきたらハムを加え、さっと炒めて塩と黒こしょうをふる。

れんこん

カリカリ仕上げがおいしい

れんこんピザ

材料（2人分）

れんこん…200g

A　小麦粉…大さじ2
　　塩…小さじ1/4

ピーマン…1個

ツナ缶…1缶（70g）

サラダ油…大さじ2

マヨネーズ、ピザ用チーズ
　黒こしょう…各適量

作り方

1. ピーマンは縦半分に切って横細切り、ツナ缶は缶汁をきる。
2. れんこんは皮つきのままスライサーで極薄切りにし、ボウルに入れてAを混ぜ合わせる。
3. フライパン（直径約26cm）に油をひき、2を平らに敷き詰める。中火にかけて3〜4分、裏側がこんがりするまで焼いて裏返し、ヘラなどで押さえる。
4. ツナ、ピーマンを散らしてマヨネーズをかけ、チーズを散らしてフタをし、チーズが溶けるまで焼く。
5. 黒こしょうをふって食べやすく切る。

明太子をほぐしていただく

れんこんと明太子のアヒージョ

材料（2人分）

れんこん…150g

明太子…30g

にんにく（薄切り）…1かけ分

オリーブオイル…適量

塩…少々

作り方

1. れんこんは5mm幅の輪切りにする。
2. フライパンににんにくと1を敷き詰めてオリーブオイルをれんこんが7割つかるくらい入れる。弱火にかけ、れんこんに少しこげ目がつくまでじっくり加熱する。
3. 明太子の薄皮を取って2の上にのせ、塩をふる。

相性のいいひき肉をあんに

れんこんのそぼろ煮

材料（2人分）

れんこん…300g

豚ひき肉…150g

にんにく（みじん切り）…1かけ分

豆板醤…大さじ1/2

サラダ油…大さじ1

A　水…200ml
　　鶏ガラスープの素…小さじ1
　　しょうゆ、酒…各大さじ1

水溶き片栗粉
　…水大さじ1と片栗粉大さじ1/2を混ぜたもの

作り方

1. れんこんは5mm幅の半月切りにし、酢水（分量外）に5分つけて水けをきる。
2. フライパンに油、豆板醤、にんにくを入れて中火で炒め、香りが立ったら豚ひき肉を加える。肉の色が変わったられんこんを加え、さっと炒め合わせる。
3. 混ぜ合わせたAを加えて3分ほど煮て火を止め、水溶き片栗粉を加えてとろみをつける。

きゅうり

ごまの風味で食欲増進

たたききゅうり

材料（2人分）

きゅうり…2本

塩…ひとつまみ

A　ごま油、しょうゆ、白すりごま…各小さじ1
　　鶏ガラスープの素、砂糖…各小さじ1/2

白いりごま…適量

作り方

1　きゅうりは麺棒などでたたいて食べやすい大きさに割り、ボウルに入れて塩をふり、10分ほどおいて水けをきる。

2　Aを加えて混ぜ合わせ、器に盛って白いりごまをふる。

手軽に楽しめる即席漬け

きゅうりのだしからし漬け

材料（2人分）

きゅうり…2本

A　水…200ml
　　塩…小さじ1

B　白だし…大さじ1
　　水…小さじ1
　　からしチューブ…2cm

作り方

1　きゅうりは割り箸で挟み、包丁が割り箸に当たるまで1～2mm幅で斜めに切り込みを入れる。裏返して同様に切り込みを入れて蛇腹状にし、1.5cm幅に切る。

2　ボウルにAを入れて混ぜ合わせ、1を10分漬けてサッと洗う。

3　ポリ袋に2とBを入れてもみ込み、冷蔵庫で30分以上おく。

長いも

ホクホクのお好み焼き風

長いものマヨソース焼き

材料（2人分）

長いも…200g

マヨネーズ…大さじ1

A　ウスターソース…大さじ1
　　しょうゆ、みりん…各小さじ1

かつお節、青海苔…各適量

作り方

1　長いもは1cm厚さに切る。

2　フライパンにマヨネーズを中火で熱し、溶けたら1を並べて焼く。両面に焼き色がついたら混ぜ合わせたAを鍋肌からまわし入れ、ソースをからめながら焼く。

3　器に盛り、かつお節と青海苔をふる。

淡泊な長いもがご飯のお供に

長いものにらソースがけ

材料（2人分）

長いも…150g

にら…1/2束

A　ごま油、酢…各大さじ2
　　みりん、しょうゆ…各大さじ1/2
　　にんにくチューブ…2cm
　　七味唐辛子…少々

白いりごま、かつお節…各適量

作り方

1　長いもは千切りにする。にらはみじん切りにする。

2　ボウルににらとAを入れて混ぜ合わせ、長いもを加えて和える。

3　器に盛り、白いりごまとかつお節をふる。

ピーマン

かつお節たっぷりがおいしい

ピーマンの焼きびたし

材料（2人分）

ピーマン…4～5個
麺つゆ（3倍濃縮）…50ml
サラダ油…小さじ1
かつお節、しょうがチューブ…各適量

作り方

1 ピーマンは縦半分または4等分に切る。
2 フライパンに油を中火で熱し、1を皮面を下にして入れてフタをし、しんなりするまで焼く。
3 熱いうちに器に盛り、麺つゆをかけてかつお節としょうがをのせる。

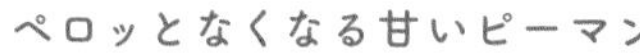

ペロッとなくなる甘いピーマン

ピーマンのみそ煮

材料（2人分）

ピーマン…6～8個
A だし汁…50ml
　みそ、酒、みりん…各大さじ1
サラダ油…大さじ1

作り方

1 ピーマンはヘタを押し込んで抜き、種を取り出す。
2 鍋に油を中火で熱し、1を炒める。焼き色がついたら混ぜ合わせたAを加え、フタをして弱火にし、ときどき返しながら6分煮る。
3 フタを取って1分ほど煮詰める。

しっかり焼きつけて香ばしく！

お好み焼きピーマン

材料（2人分）

ピーマン…4～5個
サラダ油…小さじ1
A かつお節…1袋（2.5g）
　中濃ソース…小さじ2
　紅しょうが、水…各小さじ1

作り方

1 ピーマンはヘタを押し込んで抜き、種を取り出す。
2 フライパンに油を中火で熱し、1を全体に焼き色がつくまで焼く。
3 器に盛り、混ぜ合わせたAをのせる。

かぼちゃ

だし汁いらずのほっこり家庭の味

かぼちゃのそぼろあん

材料（2人分）

かぼちゃ…1/6個（200g）

A
- 鶏ひき肉…100g
- しょうゆ…大さじ1と1/2
- 砂糖…小さじ2
- 水…100ml

水溶き片栗粉…水大さじ1と片栗粉大さじ1/2を混ぜたもの

作り方

1. 耐熱容器にAを入れ、しっかり混ぜ合わせる。
2. かぼちゃは皮をところどころむいて3cm角に切り、1に皮目を上にして並べる。ラップをふんわりかけて電子レンジで7分30秒、かぼちゃがやわらかくなるまで加熱する。
3. かぼちゃをくずさないようにひき肉をほぐし、熱いうちに水溶き片栗粉を加えて全体を混ぜる。
4. 3のボウルにラップでしっかりフタをし、5分ほどおいて味をなじませる。

子どもも大好きなほんのりカレー味

カレー風味かぼちゃコロッケ

材料（4個分）

かぼちゃ…1/4個（300g）

A
- カレー粉…小さじ1/3
- 塩…小さじ1/6

小麦粉、溶き卵、パン粉…各適量

サラダ油…適量

作り方

1. かぼちゃは4cm角に切り、耐熱容器に入れて水大さじ1（分量外）をふり、ラップをふんわりかけて電子レンジで6分加熱する。
2. 1をつぶしてAを加えて混ぜ、4等分して小判形にする。
3. 2に小麦粉、溶き卵、パン粉を順につける。
4. フライパンに油を1cm深さに入れて180℃に熱し、3を中火で3～4分揚げる。

酢の酸みでかぼちゃの甘みを引き立てる

かぼちゃのさっぱり揚げびたし

材料（2人分）

かぼちゃ…1/6個（200g）

A
- 麺つゆ（3倍濃縮）…大さじ3
- 酢、水、白すりごま…各大さじ1と1/2

サラダ油…適量

作り方

1. かぼちゃは皮つきのまま1cm幅に切り、大きいものはさらに半分に切る。バットなどにAを入れて混ぜ合わせる。
2. フライパンに油を1cm深さに入れて170℃に熱し、1を中火で揚げ焼きにする。こんがりしたら油をきり、熱いうちに1のバットに入れてスプーンでタレをまわしかけ、10分以上おく。

アスパラガス

温玉を手軽に作ってオン！

アスパラベーコン 温玉のせ

材料（2人分）

グリーンアスパラガス…3本
ベーコン（ハーフ）…1パック
卵…1個

A
- オリーブオイル…小さじ1
- しょうゆ…小さじ1/2
- 粉チーズ…大さじ1
- 黒こしょう…適量

作り方

1. アスパラガスは下のかたい部分の皮をピーラーなどでむき、3cm幅に切る。塩少々（分量外）を加えた熱湯で1分30秒ほどゆで、ザルに上げて水けをきる。
2. ベーコンは1.5cm幅に切り、フライパンで油をひかず焼き色がつくまで炒める。
3. 卵は耐熱容器に割り入れ、卵が完全にかぶるくらいの水（分量外）を静かに入れる。卵黄に爪楊枝で1か所穴をあけ、ラップをしないで電子レンジで40秒、様子を見ながら白身がかたまり始めるまで加熱する。
4. 器に1と2を盛り、水けをきった3をのせてAを順にかける。

相性のいいあさりのうまみを存分に

アスパラとあさりの酒蒸し

材料（2人分）

あさり（殻つき・砂抜きする）…200g
グリーンアスパラガス…4本
酒…大さじ2
バター…15g

作り方

1. アスパラガスは下のかたい部分の皮をピーラーなどでむき、4cm幅に切る。
2. フライパンにあさり、1、酒を入れてフタをし、中火にかける。あさりの口が開き始めたらバターを加え、全体をからめながらあさりの口がすべて開くまで加熱する。

まずは、あさりの砂抜きを

あさりは水で洗い、バットなどに重ならないように並べる。水500mlに塩大さじ1を溶かし、あさりが3/4ほどつかるように注ぐ。アルミホイルなどで覆い、室温に1～2時間おく。使用する前にもう一度洗う。

ごぼう

無限に食べられる下味が決め手！

ごぼうの竜田揚げ

材料（2人分）

ごぼう…1本

A しょうゆ…大さじ4
酒…大さじ2

B 片栗粉…大さじ4
小麦粉…大さじ2

サラダ油…適量

作り方

1 ごぼうは皮ごと10cm長さに切って四つ割りにし、水に5分ほどさらして水けを拭き取る。

2 バットにAを入れて混ぜて1を加え、15分漬け込む。

3 別のバットにBを入れて混ぜ、2のごぼうにまぶす。

4 フライパンに油を5mm深さに入れて170～180℃に熱し、3を中火で表面がカリっとなるまで揚げて器に盛る。好みでカットレモンを添える。

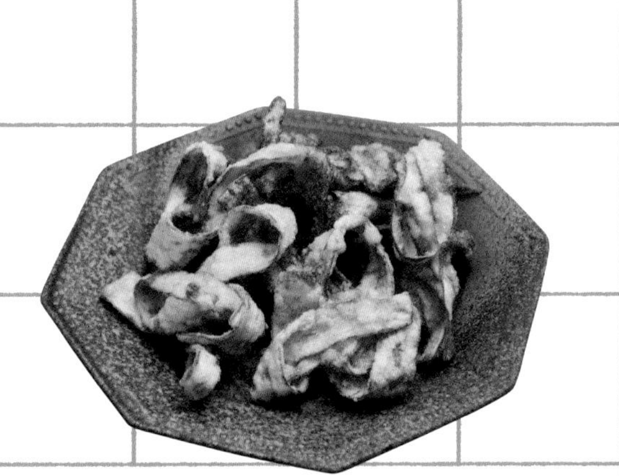

ピーラーで削いでスナック風に

ごぼうの極薄揚げ

材料（2人分）

ごぼう…1/2本

麺つゆ（3倍濃縮）…大さじ1

片栗粉…大さじ5

サラダ油…適量

作り方

1 ごぼうは皮つきのままピーラーでリボン状に削ぎ、水に2分ほどさらして水けを拭き取る。

2 ボウルに1と麺つゆを混ぜ合わせ、片栗粉を加えてしっかり混ぜる。

3 フライパンに油を5mm深さに入れて170℃に熱し、中火できつね色になるまで揚げる。

＊こげやすいので注意。

酸みが食欲をかき立てる

たたきごぼう

材料（2人分）

ごぼう…1本

A 酢、酒、みりん…各大さじ3
しょうゆ…大さじ1
水…大さじ2

白いりごま…大さじ1

粉山椒（あれば）…少々

作り方

1 ごぼうは皮つきのまま麺棒などでたたいて割れ目を入れ、7cm長さに切る。

2 鍋にAを煮立たせて1を加え、強火で煮汁がなくなるまで煮る。

3 火を止めて粉山椒をふって器に盛り、白いりごまを散らす。

アボカド

フライドオニオンをたっぷりかけて

麺つゆアボカド

材料（2人分）

アボカド…1個
フライドオニオン…適量
麺つゆ（3倍濃縮）…適量
わさびチューブ…適量

作り方

1 アボカドは5mm幅の半月切りにして器に並べる。
2 フライドオニオンをのせて麺つゆをかけ、わさびを添える。

野菜や豆腐と合わせても

ねぎ塩アボカド

材料（2人分）

アボカド…1個
A 長ねぎ（みじん切り）…10cm分
　塩…小さじ1/3
　ごま油…小さじ1
黒こしょう…少々
白いりごま…適量

作り方

1 アボカドは2cm角に切り、ボウルに入れてAを混ぜ合わせる。
2 器に盛り、黒こしょうと白いりごまをふる。

ご飯にのっけてヘルシー丼にしても

アボカドキムチユッケ

材料（2人分）

アボカド…1個
A 白菜キムチ（大きいものは切る）…100g
　ごま油、白いりごま…各大さじ1
　しょうゆ…小さじ1
卵黄…1個分

作り方

1 アボカドは2cm角に切る。
2 ボウルにAを混ぜ合わせ、1を加えて和える。
3 器に盛り、卵黄をのせる。

ズッキーニ

にんにくと一緒に香ばしく

ズッキーニのオイル焼き

材料（2人分）

ズッキーニ…1本
にんにく…6かけ
A　オリーブオイル…大さじ1
　塩…小さじ1/3
　こしょう…少々

作り方

1 ズッキーニは半分の長さに切り、縦4～6等分に切る。
2 ボウルに1とにんにく、Aを入れて和える。
3 魚焼きグリル（またはトースター）にアルミホイルを敷いて2を並べ、中火で7～8分こんがり色づくまで焼く。
＊途中、こげそうになったらアルミホイルをかぶせる。

白だしとのマリアージュが最高

ズッキーニの焼きびたし

材料（2人分）

ズッキーニ…1本
サラダ油…大さじ1
A　白だし…大さじ1
　水…30ml

作り方

1 ズッキーニは1cm幅の輪切りにする。
2 フライパンに油を中火で熱し、1を両面焼き色がつくまで焼く。Aを加えて汁けがなくなるまでときどき返しながら煮る。

セロリ

塩昆布の仕事ぶりに脱帽

セロリの塩昆布和え

材料（2人分）

セロリ…1本
A　塩昆布…10g
　酢、ごま油…各小さじ1
白いりごま…適量

作り方

1 セロリは筋を取り、茎は乱切りに、葉は1cm幅に切る。
2 ボウルに1とAを入れよく和える。
3 器に盛り、白いりごまをふる。

炒めて香りが立ったセロリも絶品

セロリの塩きんぴら

材料（2人分）

セロリ…1本
サラダ油…小さじ2
A　水…大さじ3
　顆粒和風だし…小さじ1/3
　塩…小さじ1/4
白いりごま…少々

作り方

1 セロリは筋を取り、茎は4cm長さに切って3mm角の棒状に、葉は1cm幅に切る。
2 フライパンに油を中火で熱し、1の茎を炒める。油がまわったらAを加え、汁けがなくなってきたら葉を加えてしんなりするまで炒める。
3 器に盛り、白いりごまをふる。

3

副菜にもおつまみにもなる

最強の一品！

我が家は夫婦そろってお酒好き。
小さなおかずもついついお酒に合うものを作ってしまいます。
パンチのあるものから箸休め的なものまで。
お酒に合うものはご飯にも合うので、もう一品欲しいときにどうぞ。

油揚げ餃子

我が家自慢の

包まない餃子

大根しそ餃子

変わり餃子4種

→作り方はp.112

香味野菜の水餃子

肉汁を吸った油揚げも激うまっ!

油揚げ餃子

材料(8切れ分)
油揚げ…2枚
ごま油…小さじ1
【肉ダネ】
豚ひき肉…240g
にら…2本
しょうが、にんにく…各1かけ
しょうゆ…大さじ1

作り方

1 にらは1cm幅、しょうがとにんにくはみじん切りにし、ボウルに肉ダネの材料を入れて粘りが出るまでしっかり混ぜる。
2 油揚げは余分な油を拭き取り、横半分に切って切り口を開き、**1**を等分に詰めて平らにする。
3 フライパンにごま油を中火で熱し、**2**を並べてフタをし、7〜10分蒸し焼きにする。
4 斜め半分に切って器に盛り、好みでしょうゆ、酢、からし各適量を添える。

塊で焼くからボリューム満点!

包まない餃子

材料(26cmのフライパン1個分)
餃子の皮…14〜20枚
ごま油…小さじ2
A 水…100ml
　ごま油…小さじ1
【肉ダネ】
豚ひき肉…200g
にら…1/4束
長ねぎ…1/2本
しょうがチューブ、
にんにくチューブ
　…各3cm
片栗粉…大さじ1
酒、しょうゆ、ごま油
　…各大さじ1/2
砂糖…小さじ1/2
塩…小さじ1/5
こしょう…少々

作り方

1 にらは5mm幅に切り、長ねぎはみじん切りにし、ボウルに肉ダネの材料を入れて粘りが出るまでしっかり混ぜる。
2 フライパンにごま油をひき、餃子の皮半量を中心から順に少し重ねながら敷き詰める。**1**を平らに広げ入れ、残りの皮を隙間なくのせて軽く押さえる。
3 中火にかけて3分ほど焼き、焼き色がついたら上下を返す。**A**をフチからまわし入れてフタをし、3分蒸し焼きにする。
4 フタを取って水けがなくなり、下面がパリッとするまで焼く。好みでタレ(しょうゆ、酢各大さじ1、ラー油適量)を添える。

みずみずしい大根と青じそでさっぱり

大根しそ餃子

材料(16個分)
大根(太め)…約3.5cm
青じそ…16枚
片栗粉…適量
サラダ油…大さじ1/2
【肉ダネ】
豚ひき肉…150g
しょうがチューブ…3cm
しょうゆ、酒…各小さじ1
砂糖…小さじ1/2
片栗粉、ごま油…各大さじ1/2

作り方

1 大根は2mm厚さの輪切りにし(16枚)、耐熱皿に並べる。ラップをふんわりかけ、電子レンジで2分30秒加熱し、水けを拭き取る。
2 ボウルに肉ダネの材料を入れて粘りが出るまでしっかり混ぜる。
3 **1**の表面に片栗粉を薄くまぶし、青じそを1枚ずつのせて再度片栗粉をまぶし、**2**を等分のせて半分に折る。
4 フライパンに油を中火で熱し、**3**を並べて軽く押さえながら両面3分ずつ焼く。好みでしょうゆ、酢、からし各適量を添える。

冷やした餃子を爽やかな薬味でいただく

香味野菜の水餃子

材料(2人分)
冷凍餃子(市販)…12個
貝割れ菜…1/2パック
みょうが…1個
青じそ…3枚
A 麺つゆ(3倍濃縮)、水…各大さじ1
　ごま油…小さじ1/2
　ラー油…少々

作り方

1 貝割れ菜は根元を切り落とし、みょうがは縦半分に切ってから縦薄切り、青じそは千切りにし、ボウルに入れて混ぜる。
2 冷凍餃子は熱湯で表示通りにゆでて冷水に取り、水けをきる。
3 **2**を器に盛り、**1**をのせて混ぜ合わせた**A**をかける。

ささっと作れる最強の一皿

クセになる濃厚な甘み！

海苔のり納豆アボカド

材料（2人分）

アボカド…1個

A 納豆…1パック
海苔の佃煮…大さじ2
からしチューブ…小さじ1

刻み海苔…適量

作り方

1. アボカドは一口大に切る。
2. ボウルに**A**を入れて混ぜ合わせ、**1**を加えて和える。
3. 器に盛り、刻み海苔をのせる。

食べるラー油をソースに

ピリ辛カプレーゼ

材料（2人分）

トマト…1個

モッツァレラチーズ…1個（100g）

A 食べるラー油…大さじ2
しょうゆ…小さじ1

パセリ（みじん切り）…適量

作り方

1. トマトとモッツァレラチーズは7mm幅の輪切りにする。
2. 器に**1**を交互に重ねて盛りつけ、混ぜ合わせた**A**をかけてパセリをふる。

フレッシュなチーズをわさびじょうゆで

モッツァレラのお刺し身

材料（2人分）

モッツァレラチーズ…1個（100g）

青じそ（千切り）…3枚分

小ねぎ（小口切り）、かつお節…各適量

しょうゆ、わさびチューブ…各適量

作り方

1. モッツァレラチーズは半分に切って7mm幅に切る。
2. **1**を器に盛り、青じそ、小ねぎ、かつお節をのせ、わさびじょうゆを添える。

おいしい脂とみその濃厚味

鶏皮のねぎみそ和え

材料（2人分）

鶏皮…6枚分（180g）

小ねぎ（小口切り）…適量

A みそ…小さじ2
　 みりん…小さじ1

作り方

1 鶏皮は食べやすい大きさに切る。

2 フライパンを中火で熱し、**1**をカリッとするまで焼く。出てきた脂を拭き取り、混ぜ合わせた**A**を加えてからめ、火を止めて小ねぎを散らす。

愛媛県の名物油揚げをサッとあぶって

松山あげのねぎおかかのせ

材料（2人分）

松山あげ…15g

小ねぎ（小口切り）…適量

かつお節、しょうゆ…各適量

作り方

1 松山あげは一口大に割り、フライパンで軽く乾焼きして器に盛る。

2 小ねぎとかつお節をのせ、食べる直前にしょうゆをかける。

チーズと海苔を巻いて串焼きに

油揚げ巻き

材料（2人分）

油揚げ…2枚

焼き海苔（全形を四等分する）…3枚

スライスチーズ…3枚

しょうゆ…少々

作り方

1 油揚げは余分な油を拭き取り、横の両端と縦の1辺を切り落として開く。

2 **1**の内側手前に焼き海苔を1枚半ずつのせてしょうゆをかけ、チーズを1枚半ずつのせて**1**の切れ端を手前にのせて巻く。2本一緒に爪楊枝で6か所刺して、爪楊枝の間を切る。

3 魚焼きグリルやトースターにアルミホイルを敷き、**2**を断面を横にして並べ、カリッとするまで5分ほど焼く。

七味をきかせたおつまみ味玉

ピリ辛味玉

材料（2人分）

ゆで卵…4個

麺つゆ（3倍濃縮）…100ml

水…大さじ3

七味唐辛子…小さじ1/2

作り方

ポリ袋にすべての材料を入れて空気を抜いて口を閉じ、冷蔵庫で8時間以上漬け込む。

サンドイッチのように詰めて焼くだけ

ツナマヨはんぺん

材料（2人分）

はんぺん…1枚

ツナ缶…1缶（70g）

A マヨネーズ…大さじ1
しょうゆ…小さじ1/2

作り方

1　ツナ缶は缶汁をきり、**A**と混ぜ合わせる。

2　はんぺんは斜め半分に切り、切り口に切り込みを入れて**1**を等分に詰める。

3　フライパンを中火で熱し、**2**の両面に焼き目をつける。

水煮缶をおしゃれなおつまみに

さばのセロリ和え

材料（2人分）

さばの水煮缶…1缶（190g）

セロリの茎…10〜15cm

粒マスタード…小さじ1/2

ポン酢…大さじ1

オリーブオイル…小さじ1

レモン汁…少々

作り方

1　セロリは筋を取り、斜め薄切りにする。さばの水煮缶は缶汁をきり、粗くほぐす。

2　ボウルにすべての材料を入れて和える。

ウスターソースとからしを隠し味に

ゆで卵とねぎの甘辛和え

材料（2人分）

ゆで卵（半熟～かたゆで）…4個

小ねぎ…5本

A｜マヨネーズ…大さじ2
｜からしチューブ…小さじ2
｜ウスターソース…小さじ1
｜黒こしょう…少々

白いりごま…適量

作り方

1　小ねぎは5cm幅に切る。

2　ボウルに**A**を入れて混ぜ合わせ、ゆで卵を加えてスプーンなどで4等分に割り、**1**を加えて和える。

3　器に盛り、白いりごまをふる。

青海苔とマヨの風味がたまらない

ちくわのマヨ焼き

材料（2人分）

ちくわ…4本

マヨネーズ…大さじ1

青海苔…小さじ1/2

作り方

1　ちくわは5mm幅の斜め切りにする。

2　フライパンにマヨネーズを入れて中火で熱し、フツフツとしたら**1**をサッと炒め、青海苔を加えて混ぜ合わる。

お酒には七味をピリッときかせて

雷こんにゃく

材料（2人分）

こんにゃく（アク抜き済み）…1枚

ごま油…小さじ2

A｜みりん、しょうゆ…各大さじ1

七味唐辛子…適量

作り方

1　こんにゃくは両面に格子状の切り目を入れ、サイコロ状に切る。

2　フライパンを中火で熱し、**1**を乾いりして水分を飛ばし、ごま油を加えて軽く炒める。**A**を加えて汁けがなくなるまで炒め、火を止めて七味唐辛子をふる。

ご飯のお供にもなるテッパンおつまみ

じゃこ入りピーマン炒め

材料(2人分)

ピーマン…4個

ちりめんじゃこ…大さじ1

ごま油…大さじ1/2

A 鶏ガラスープの素、しょうゆ…各小さじ1/2

作り方

1 ピーマンは縦半分に切って横細切りにする。

2 フライパンにごま油を中火で熱し、**1**とじゃこを炒める。ピーマンがしんなりしてきたら**A**を加え、混ぜながら炒める。

甘じょっぱくてシャキシャキ!

れんこんのツナマヨ和え

材料(2人分)

れんこん…180g

ツナ缶…1缶(70g)

A マヨネーズ…大さじ1と1/2
麺つゆ(3倍濃縮)…小さじ1
黒こしょう…少々

小ねぎ(小口切り)…適量

作り方

1 れんこんは薄いいちょう切りにし、酢水(分量外)に5分さらして水けをきる。耐熱ボウルに入れてラップをふんわりかけ、電子レンジで3分30秒加熱する。

2 缶汁をきったツナと**A**を**1**に加えて和え、器に盛って小ねぎをのせる。

じんわり染み入るほっとする味

たけのことちくわのおかか煮

材料(2人分)

たけのこの水煮…200g

ちくわ…4本

かつお節…1袋(2.5g)

サラダ油…小さじ2

A 酒、みりん、しょうゆ…各大さじ1
砂糖…小さじ1

作り方

1 たけのこは5mm幅の一口大に切り、ちくわは5mm幅の斜め切りにする。

2 フライパンに油を中火で熱し、たけのこを炒める。**A**を加え、2分ほど炒め煮にする。

3 ちくわを加えて全体を混ぜ合わせ、かつお節を加えてサッと混ぜる。

ふりかけ風でお酒もご飯もすすむ!

小松菜のじゃこ炒め

材料(2人分)

小松菜…1/2束

ちりめんじゃこ…大さじ2

ごま油…小さじ2

しょうゆ…小さじ1/2

作り方

1 小松菜は1cm幅に切る。

2 フライパンにごま油を強火で熱し、**1**をしんなりするまで炒め、じゃことしょうゆを加えてサッと炒め合わせる。

味つけがシンプルなちょいおかず

ブロッコリーの にんにくしょうゆ炒め

材料(2人分)

ブロッコリー…1/2個

サラダ油…大さじ1

A 水…50ml

にんにくチューブ…3cm

しょうゆ…小さじ1

作り方

1 ブロッコリーは小房に分ける。

2 フライパンに油を中火で熱し、**1**を焼き色がつくまで炒める。**A**を加えてフタをし、ときどき揺すりながら2分ほど蒸し焼きにする。

3 フタを取って水分を飛ばし、しょうゆを加えてさっと炒める。

タレをしっかりからめて香ばしく

エリンギの にんにくしょうゆステーキ

材料(2人分)

エリンギ…4本

サラダ油…大さじ1

A みりん…大さじ1/2

砂糖…小さじ1

にんにくチューブ…3cm

しょうゆ…大さじ1

黒こしょう、小ねぎ(小口切り)…各適量

作り方

1 エリンギは半分の長さに切って薄切りにする。

2 フライパンに油を中火で熱し、**1**を軽く焼き色がつくまで炒めたら**A**を加えて炒め合わせる。

3 器に盛り、黒こしょう、小ねぎを散らす。

暑い日にもおすすめのさっぱり味

たこと玉ねぎの甘酢和え

材料（2人分）

ゆでだこ…100g

玉ねぎ…1/2個

きゅうり…1本

しょうが…1かけ

A 酢…大さじ3
砂糖…大さじ1と1/2
しょうゆ…小さじ1/2
塩…小さじ1/4

作り方

1 玉ねぎは薄切りにし、10分おいて辛みを抜く。たこは薄切り、きゅうりは薄い輪切り、しょうがは千切りにする。

2 ボウルに**A**を入れて混ぜ合わせ、**1**を加えて和える。

魚のうまみと梅の酸みがベストマッチ！

はんぺんの梅おかかツナのせ

材料（2人分）

はんぺん…2枚

A ツナ缶（缶汁ごと）…1缶（70g）
梅干し（種を取りたたく）…2個分
かつお節…1袋（2.5g）

サラダ油…小さじ2

作り方

1 はんぺんは5等分に細長く切る。

2 フライパンに油を中火で熱し、はんぺんを焼き色がつくまで焼く。

3 器に盛り、混ぜ合わせた**A**をのせる。

納豆が苦手な人でもハマる！

納豆キムチチーズ焼き

材料（2人分）

A 納豆…1パック（タレごと）
白菜キムチ、ピザ用チーズ…各50g
片栗粉…大さじ2

ごま油…大さじ1

作り方

1 ボウルに**A**を入れてしっかり混ぜ合わせる。

2 フライパンにごま油を中火で熱し、**1**を1/4量ずつスプーンですくって入れ、平らな円形にして両面焼

タルタルソースでボリュームアップ

焼きブロッコリーのタルタル和え

材料（2人分）

ブロッコリー…1/2個
オリーブ油…大さじ1
ゆで卵…1個
A マヨネーズ…大さじ1
塩…小さじ1/4
こしょう…適量
マスタード…小さじ1

作り方

1 ブロッコリーは小房に分け、大きいものは小さく切る。
2 フライパンにオリーブ油を中火で熱し、1を入れてフタをし、茎がやわらかくなるまで蒸し焼きにする。
3 ボウルにゆで卵を入れて粗くつぶし、Aを加えてよく混ぜ、2を加えて和える。

かぼちゃの甘みを楽しむ塩バター味

かぼちゃのレンチンバター煮

材料（2人分）

かぼちゃ…200g
バター…10g
水…大さじ1
砂糖…小さじ1
塩…小さじ1/4

作り方

かぼちゃは皮つきのまま一口大に切り、耐熱ボウルにすべての材料を入れて、ラップをふんわりかけ、電子レンジで5分加熱する。

ガツンとパンチのある味わい

ピリ辛もやし

材料（2人分）

もやし…1袋
A ごま油、白いりごま…各大さじ2
しょうゆ…大さじ1と1/2
にんにくチューブ、しょうがチューブ…各3cm
豆板醤…小さじ1/2

作り方

1 もやしは耐熱ボウルに入れ、ラップをしないで電子レンジで3分加熱し、水けをきる。
2 別のボウルにAを入れて混ぜ合わせ、1が熱いうちに加えて和える。

手作りソースとクリチでお店の味に

スイートチリポテト

材料と作り方(2人分)

フライパンに油を1cm深さに入れて170℃に熱し、冷凍ポテト300gをカリッと揚げる。器に盛り、クリームチーズ30gをのせてスイートチリソース(p.50参照)適量をかける。

仕上げのラー油で大人の味に

ゆで卵のからし酢みそのせ

材料と作り方(2人分)

長ねぎ1/2本分は芯を取り除いて6cm長さの千切りにし、水に10分ほどさらして水けをきる。みそ大さじ1、砂糖、酢各小さじ1、からしチューブ5cmと混ぜ合わせ、縦半分に切ったゆで卵3個分にのせ、ラー油適量をたらす。

甘みそダレで箸が止まらない!

しし唐みそ炒め

材料と作り方(2人分)

しし唐100gは包丁で切り目を1本入れ、サラダ油小さじ2を中火で熱したフライパンで2分ほど炒める。火を止めて、混ぜ合わせたみそダレ(みそ大さじ1、みりん小さじ1、砂糖小さじ1と1/2)を加えてサッと和える。

海苔をどっさりからめる最強のアテ

小ねぎと焼き海苔の和え物

材料と作り方(2人分)

小ねぎ5本は斜め薄切りにし、水につけてクルンとカールさせて水けをきる。ボウルに入れて白すりごま小さじ2、ごま油小さじ1/2、塩小さじ1/4を混ぜ合わせ、焼き海苔(全形)1枚をちぎって加えてしっかり和える。

手羽元の梅酒煮

ボリューム副菜

手羽先の甘辛焼き

スパイシーチキン

手羽でガッツリ4品

→作り方はp.124

バッファローチキン

しっとりやわらかく煮上がる

手羽元の梅酒煮

材料（2人分）

鶏手羽元…10本

A 梅酒…60ml
しょうゆ…80ml
しょうが、にんにく（各薄切り）
…各1かけ分

作り方

1 手羽元は表面の水けを拭き取って鍋に入れ、**A**を加えて手羽元がかぶるくらいに水（分量外）を注ぎ、強火にかける。

2 アクを取って弱めの中火にし、フタをしてときどき返しながら15分煮る。

3 強火にして照りが出るまで煮詰める。

名古屋名物の味を再現！

手羽先の甘辛焼き

材料（2人分）

鶏手羽先…8本

塩こしょう…少々

小麦粉…適量

サラダ油…大さじ1

A しょうゆ…大さじ2
酒、みりん、白いりごま…各大さじ1
はちみつ…大さじ1/2

作り方

1 手羽先は内側の骨に沿って切り目を入れ、塩こしょうを軽くふって小麦粉を薄くまぶす。

2 フライパンに油を中火で熱し、**1**を皮目を下にして焼く。皮がこんがりしてきたら上下を返し、フタをして3～4分蒸し焼きにする。両面がこんがり焼けたら混ぜ合わせた**A**を加え、照りが出るまでからめながら煮詰める。

万能スパイスで無限に食べられる

スパイシーチキン

材料（2人分）

鶏手羽中…約20本

黒瀬のスパイス*…小さじ2

小麦粉…適量

サラダ油…適量

*鶏肉専門店「かしわ屋くろせ」の万能調味料。

作り方

1 手羽中は水けを拭き取り、骨に沿って切り目を入れる。黒瀬のスパイスをまぶしてもみ込み、小麦粉を薄くまぶす。

2 フライパンに油を1cm深さに入れて170℃に熱し、**1**を返しながら中火でこんがり色づくまで揚げる。

ピリ辛こってりダレでガッツリ

バッファローチキン

材料（2人分）

鶏手羽元…10本

塩こしょう…少々

バター…30g

A トマトケチャップ…大さじ2
にんにくチューブ…大さじ1/2
塩こしょう…少々
タバスコ…10滴～（好みの辛さに）

【ランチソース】

マヨネーズ…25g

ヨーグルト（無糖）…15g

砂糖…小さじ1/4

にんにくチューブ…3cm

塩こしょう…少々

乾燥バジル…適量

作り方

1 手羽元は塩こしょうをふり、魚焼きグリル、またはトースターで全体に焼き色がつくまで10～15分焼く。

2 耐熱ボウルにバターを入れてラップをかけずに電子レンジで20秒ほど加熱して溶かし、**A**を加えて混ぜる。

3 **1**を熱いうちに**2**に加えて混ぜ合わせ、器に盛る。混ぜ合わせたランチソースを添えてつけて食べる。

半熟卵をくずしてめしあがれ！

豆腐と卵のチゲ風煮

材料（2人分）

木綿豆腐…1丁
白菜キムチ…150g
ごま油…大さじ1/2
A 水…200ml
鶏ガラスープの素、砂糖…各小さじ1
卵…2個
小ねぎ（小口切り）…適量

作り方

1. 豆腐は6等分、キムチは大きければ食べやすい大きさに切る。
2. フライパンにごま油を中火で熱し、キムチを汁けがなくなるまで炒め、**A**を加える。グツグツしたら豆腐を加え、弱火で8分ほど煮る。
3. 卵を割り入れてフタをし、半熟になったら小ねぎを散らす。

外はカリッ！ 中はフワフワ～

豆腐とねぎのお焼き

材料（2人分）

木綿豆腐…1/2丁
A 小ねぎ（小口切り）…50g
溶き卵…1個分
小麦粉…大さじ3
塩…小さじ1/2
サラダ油…大さじ3
ポン酢…適量

作り方

1. 豆腐は水きりしてボウルに入れ、**A**を加えて豆腐をつぶしながらしっかり混ぜる。
2. フライパンに油を中火で熱し、**1**をスプーンなどで1/8量ずつすくって入れ、平らな円形に整えて両面に焼き色がつくまで焼く。
3. 器に盛り、ポン酢をつけて食べる。

とろとろあんと豆腐がよく合う

春菊と豆腐のうま煮

材料（2人分）

春菊…1/2束
絹豆腐…1丁
サラダ油…大さじ1
A だし汁…300ml
しょうゆ、みりん、オイスターソース…各大さじ1
水溶き片栗粉…水と片栗粉各大さじ1を混ぜたもの

作り方

1. 春菊は7mm幅に切る。
2. フライパンに油を中火で熱し、春菊をサッと炒める。**A**を加えてひと煮立ちしたら、水溶き片栗粉を加えてとろみをつける。
3. 豆腐をスプーンなどで小さくすくって加え、サッと煮る。

ミートソース風の味つけが絶妙

なすとひき肉のチーズ焼き

材料（2人分）

なす…2本

合いびき肉…120g

ピザ用チーズ…適量

サラダ油…小さじ1

塩こしょう…少々

A トマトケチャップ…大さじ1
みりん、しょうゆ…各小さじ2

パセリ（みじん切り）…適量

作り方

1 なすは乱切りにする。

2 フライパンに油を中火で熱し、ひき肉を入れて塩こしょうをふり、色が変わるまで炒める。なすを加えてしんなりするまで炒めたら、混ぜ合わせた**A**を加えて混ぜる。

3 火を止めてピザ用チーズを散らし、フタをしてチーズを溶かし（トースターなどで焼いてもよい）、パセリを散らす。

冷凍パイシートで手軽に作る

2種のピザパイ

材料（各1個分）

冷凍パイシート…2枚

【トマト味】

玉ねぎ…1/8個　ピーマン…1/2個

ベーコン（ハーフ）…2枚

ピザソース（市販）、ピザ用チーズ…各適量

【照り焼き味】

焼き鳥缶…1缶（75g）

玉ねぎ…1/8個

マヨネーズ、ピザ用チーズ…各適量

作り方

1 玉ねぎ、ピーマンは薄切り、ベーコンは1cm幅に切る。

2 冷凍パイシートは麺棒で薄くのばし、端を1cmあけてトマト味はピザソースを塗り、玉ねぎ、ピーマン、ベーコン、チーズをのせる。照り焼き味は、マヨネーズを塗り、焼き鳥缶、玉ねぎ、チーズをのせる。

3 200℃に予熱したオーブンでチーズがこんがりするまで10分ほど焼く。

缶詰に玉ねぎとチーズをオン

焼き鳥缶チーズ

材料（2人分）

焼き鳥缶…1缶（75g）

玉ねぎ…1/2個

溶けるチーズ…1枚

水…大さじ2

作り方

1 玉ねぎは薄切りにし、焼き鳥缶と水とともにフライパンに入れる。フタをして中火にかけ、ときどき混ぜながら、玉ねぎがしんなりするまで蒸し焼きにする。

2 火を止めてチーズをのせてフタをし、チーズを溶かす。

カリカリのこげ目がお酒に合う

れんこんチーズせんべい

材料（2人分）

れんこん…80g

ピザ用チーズ…適量

オリーブオイル…小さじ1

作り方

1 れんこんは皮ごと薄い輪切りか半月切りにし、酢水（分量外）に5分ほどさらして水けをきる。

2 フライパンにオリーブオイルを中火で熱し、**1**を30秒ほど炒めて重ならないように並べ直し、上からチーズをかける。両面カリカリに焼いて取り出し、食べやすく切る。

チーズを溶かしてから具材をのせて

枝豆じゃこチーズ

材料（2人分）

冷凍枝豆（さやつき）…100g

ちりめんじゃこ…大さじ2

ピザ用チーズ…80g

黒こしょう…適量

作り方

1 枝豆は表示通りにレンジで加熱して解凍し、豆を取り出す。

2 フライパンにチーズを敷き詰めて中火にかける。チーズがグツグツし始めたらじゃこと**1**を散らして加え、裏面がカリッとしたら取り出して黒こしょうをふり、食べやすく切る。

粉チーズを衣代わりにカリッと焼く

豆腐チーズステーキ

材料（2人分）

木綿豆腐…1丁

塩こしょう…少々

粉チーズ…適量

オリーブオイル…大さじ1/2

貝割れ菜…適量

作り方

やっぱり揚げ立てがおいしい!

オニオンリング

材料(2人分)

玉ねぎ…1個

A | 小麦粉…100g(1カップ)
片栗粉…大さじ2
顆粒コンソメ…小さじ1

B | 水…100ml
マヨネーズ…大さじ2

サラダ油…適量

ランチソース(p.124参照)…適量

作り方

1 玉ねぎは1cm幅の輪切りにし、輪を1つずつはずす。

2 ポリ袋に**A**を入れて混ぜ合わせ**1**を少しずつ入れて粉をつける。

3 ボウルに**B**を入れて混ぜ、**2**で残った粉を加えて混ぜ合わせる。

4 フライパンに油を3cm深さに入れて180℃に熱し、**2**の玉ねぎを**3**にくぐらせて入れ、中火でカリッと揚げる。

5 器に盛り、ランチソースを添える。

牛肉を混ぜて焼き上げる

ねぎポン焼き

材料(8枚分)

牛肉切り落とし肉…200g

小ねぎ…1/2束

A | 小麦粉…100g(1カップ)
水…100ml
卵…1個
顆粒和風だし…小さじ1

サラダ油…適量

ポン酢、紅しょうが…各適量

作り方

1 小ねぎは1cm幅、牛肉は大きければ4cm長さに切る。

2 ボウルに**A**を入れてしっかり混ぜてから**1**を加えて混ぜ合わせる。

3 フライパンに油大さじ1を中火で熱し、**2**をヘラなどですくって直径7cmほどの円形にして4枚焼く。両面に焼き色がついたら火を止め、ポン酢大さじ2をまわしかけてからめる。同様に残りを焼く。

4 器に盛り、紅しょうがを添える。

塩昆布がいい仕事をする和風味

ツナマヨ塩昆布のマカロニサラダ

材料(2人分)

マカロニ…100g

A | ツナ缶(缶汁をきる)
…1缶(70g)
塩昆布…10g
マヨネーズ…大さじ2
ごま油…小さじ1

小ねぎ(小口切り)…適量

作り方

1 マカロニは塩少々(分量外)を入れた熱湯で表示通りにゆでて水けをきる。

2 ボウルに**1**と**A**を混ぜ合わせて器に盛り、小ねぎを散らす。

トマトと相性抜群のにんにく風味
トマト&パセリのブルスケッタ

材料（2人分）

バゲット…6切れ
ミニトマト…8個
A パセリ（みじん切り）…大さじ1と1/2
オリーブオイル…大さじ1/2
粒マスタード…小さじ1/2
塩…小さじ1/8
にんにく…1/3かけ

作り方

1 ミニトマトは4等分のくし形切りにし、ボウルに入れて**A**を混ぜ合わせる。
2 バゲットをトーストしてにんにくをこすりつけ、**1**をのせる。

2種の衣をつけてカリッと揚げる
ささ身せんべい

材料（2人分）

鶏ささ身…300g
A しょうゆ、酒…各大さじ1と1/2
サラダ油…適量
【ごま味の衣】
片栗粉…大さじ2
白いりごま…大さじ1
【こしょう味の衣】
片栗粉…大さじ2
こしょう…適量

作り方

1 ささ身は筋を取って3等分に切り、**A**と混ぜて10分漬ける。
2 汁けをきってポリ袋2つに等分に入れ、2種の衣をそれぞれに加えてもみ込む。ポリ袋の上から麺棒などを当て、ささ身を薄くのばす。
3 フライパンに油を1cm深さに入れて170〜180℃に熱し、**2**を中火でカリッとするまで揚げる。

ハニーマスタードで味へん！
じゃがチーガレット

材料（直径約20㎝1枚分）

じゃがいも…3個
ピザ用チーズ…30g
バター…10g
塩…小さじ1/4
こしょう…少々
A マスタード…大さじ1/2
マヨネーズ、はちみつ…各小さじ1/2

作り方

1 じゃがいもは千切りにする。
2 フライパンにバターを中火で熱し、**1**を加えて塩、こしょうをふり、しんなりするまで炒める。ピザ用チーズを加えて混ぜ合わせたらヘラなどで全体を押しつけて平らにする。
3 フタをして弱火で5分焼いて上下を返し、再度ヘラで押さえながら焼き色がつくまで焼く。器に盛り、混ぜ合わせた**A**を添える。

カレー豚天

ささ身の海苔しそ天

濃厚スパイシーでビールが止まらない

カレー豚天

材料（2人分）

豚こま切れ肉…350g

A
- しょうゆ…大さじ1と1/2
- カレー粉、しょうがチューブ…各大さじ1/2
- みりん…大さじ1

B
- 小麦粉、片栗粉…各大さじ3
- 卵…1個

サラダ油…適量

作り方

1. ボウルに豚肉と**A**を入れてもみ込み、15分ほどおく。
2. **B**を加えて粉っぽさがなくなるまでよく混ぜる。
3. フライパンに油を1cm深さに入れて170℃に熱し、**2**をスプーンなどで一口大に形を丸く整えながら入れる。ときどき転がしながら中火で4分ほど揚げる。
4. 器に盛り、好みでカットレモンを添える。

柚子こしょうの辛みがあと引くおいしさ

ささ身の海苔しそ天

材料（4個分）

鶏ささ身…4本

焼き海苔（全形）…2枚

青じそ…8枚

柚子こしょう…小さじ4

A
- 天ぷら粉…50g
- 水…80ml

サラダ油…適量

作り方

1. ささ身は筋を取り、真ん中から左右に切れ目を入れて観音開きにする。
2. 海苔は半分に切って縦に置き、下半分に**1**のささ身1枚をのせて、柚子こしょう小さじ1を塗り、青じそ2枚を重ね、海苔を折って挟む。全部で4個作る。

3. ボウルに**A**を入れて混ぜて衣を作り、**2**をくぐらせる。
4. フライパンに油を1cm深さに入れて180℃に熱し、**3**を中火でカリッとするまで5〜6分揚げて食べやすく切る。

卵をくずしながら焼き上げる

お好み焼き風卵焼き

材料（2人分）

卵…3個

サラダ油…小さじ1

中濃ソース、マヨネーズ、青海苔、紅しょうが…各適量

作り方

1 フライパンに油を中火で熱し、卵を割り入れる。広がらないように菜箸で黄身をほぐして白身と混ぜ、半熟になったら半分に折って好みのかたさに焼く。

2 器に盛り、中濃ソース、マヨネーズ、青海苔をかけ、紅しょうがをのせる。

しみしみお揚げは日本酒にも！

巾着卵の甘辛焼き

材料（2人分）

油揚げ…2枚

卵…4個

サラダ油…小さじ1

水…大さじ3

A みりん…大さじ2
しょうゆ…大さじ1と1/2
酒…大さじ1
砂糖…小さじ2

作り方

1 油揚げは余分な油を拭き取って半分に切る。切り口を開いて卵を1個ずつ割り入れ、閉じ目を爪楊枝で留める。

2 フライパンに油を弱めの中火で熱し、**1**を入れて両面に軽く焼き色をつける。水を加えてフタをし、2分蒸し焼きにする。フタを取って混ぜ合わせた**A**を加え、中火で煮汁が1/3になるまで煮詰める。

しょうゆやマヨネーズをつけても！

巻かない伊達巻き

材料（2人分）

卵…2個

はんぺん…1枚

A 砂糖、白だし…各小さじ1

サラダ油…小さじ1

作り方

1 ボウルに卵と**A**を入れて混ぜ合わせ、粗くつぶしたはんぺんを加えて混ぜる。

2 小さめのフライパンに油を弱火で熱し、**1**を流し入れて平らにし、フタをして3分ほど蒸し焼きにする。焼き色がついたら上下を返し、軽く押さえながら焼き色をつけて取り出し、食べやすく切る。

えのきたっぷりがおいしい

厚揚げあんかけ

材料（2人分）

厚揚げ…2枚（300g）
えのきたけ…1袋
A 水…200ml
酒、みりん、しょうゆ…各大さじ1
水溶き片栗粉…水大さじ1と片栗粉大さじ1/2を混ぜたもの
七味唐辛子…適量

作り方

1 えのきは半分の長さに切る。厚揚げは余分な油を拭き取って一口大に切る。

2 フライパンにえのきと**A**を入れて中火にかけ、しんなりしたら厚揚げを加える。グツグツしたら火を止めて水溶き片栗粉を加え、再度中火にかけてとろみをつけ、七味唐辛子をふる。

甘酸っぱいタレが決め手！

油淋鶏風揚げ豆腐

材料（2人分）

木綿豆腐…1丁
片栗粉…適量
A 長ねぎ（みじん切り）…1/3本分
しょうがチューブ…3cm
しょうゆ…大さじ2
酢、砂糖…各大さじ1
ごま油…小さじ1
サラダ油…適量

作り方

1 豆腐はしっかり水きりし、縦半分に切って1.5cm幅に切り、片栗粉を全体に薄くまぶす。

2 フライパンに油を1cm深さに入れて170℃に熱し、**1**を中火で表面がカリッとするまで揚げる。

3 器に盛り、混ぜ合わせた**A**をかける。

おろしダレでさっぱりいただく

厚揚げのおろしがけ

材料（2人分）

厚揚げ…2枚（300g）
大根おろし…約3cm分（150g）
サラダ油…少々
A しょうゆ、みりん…各大さじ2
小ねぎ（小口切り）…適量

作り方

1 厚揚げは余分な油を拭き取って食べやすい大きさに切る。フライパンに油を中火で熱し、全面をこんがり焼いて器に盛る。

2 **1**のフライパンに大根おろし（汁ごと）と**A**を入れて中火で煮詰め、**1**にかけて小ねぎをのせる。

にらとひき肉のジューシー春巻き

納豆キャベツ春巻き

チーズ春巻き

たっぷりのにらと肉汁で食べごたえあり!

にらとひき肉のジューシー春巻き

材料(6個分)

春巻の皮…6枚
にら…1束
A 豚ひき肉…150g
塩…小さじ1/3
こしょう…少々
にんにくチューブ、しょうがチューブ…各3cm
水溶き小麦粉…水と小麦粉各大さじ1を混ぜたもの
サラダ油…適量

作り方

1 にらは5mm幅に切り、ボウルに入れて**A**を加え粘りが出るまで混ぜる。
2 春巻きの皮1枚に**1**を1/6量ずつのせて巻き、巻き終わりを水溶き小麦粉で留める。
3 フライパンに油を1cm深さに入れて170℃に熱し、**2**を入れて中火で上下を返しながら6分ほど揚げる。

ツナとチーズ入りで具だくさん

納豆キャベツ春巻き

材料(6個分)

春巻きの皮…6枚
キャベツ…200g
納豆(タレつき)…1パック
ツナ缶…1缶(70g)
ピザ用チーズ…30g
水溶き小麦粉…水と小麦粉各大さじ1を混ぜたもの
サラダ油…適量

作り方

1 キャベツは細切りにして耐熱ボウルに入れ、ラップをふんわりかけて電子レンジで5分加熱し、粗熱をとって水けをきる。
2 納豆は付属のタレを混ぜ、ツナ缶は缶汁をきり、**1**にチーズと一緒に加えて混ぜ合わせる。
3 春巻きの皮1枚に**2**を1/6量ずつのせて巻き、巻き終わりを水溶き小麦粉で留める。
4 フライパンに油を1cm深さに入れて170℃に熱し、**3**を入れて中火で上下を返しながらこんがりと揚げる。好みでトマトケチャップやマヨネーズ、酢じょうゆを添える。

ベーコン、チーズ、青じその黄金トリオ

チーズ春巻き

材料(8個分)

春巻きの皮…8枚
ベーコン(ハーフ)…8枚
溶けるチーズ…4枚
青じそ…8枚
水溶き小麦粉…水と小麦粉各大さじ1を混ぜたもの
サラダ油…適量

作り方

1 春巻きの皮1枚にベーコン1枚、半分に切ったチーズ1切れ、青じそを1枚ずつのせて巻き、巻き終わりを水溶き小麦粉で留める。
2 フライパンに油を1cm深さに入れて170℃に熱し、**1**を入れて中火で上下を返しながらこんがりと揚げる。

とりあえずの一品

焼きつけた香ばしさがお酒に合う！

枝豆バターしょうゆ

材料（2人分）

冷凍枝豆（さやつき）…150g
サラダ油…小さじ1
バター…10g
しょうゆ…小さじ1

作り方

フライパンに油を中火で熱し、凍ったまま枝豆を入れて炒める。こんがりし始めたらバターとしょうゆを加え、からめながら炒める。

にんにくガツンのピリ辛味

にんにくしょうゆ枝豆

材料（2人分）

冷凍枝豆（さやつき）…150g
A
水…100ml
しょうゆ…大さじ1
にんにく（半分に切る）…1かけ分
赤唐辛子（小口切り）…1本分

作り方

枝豆は凍ったまま両端を切る。フライパンにAを煮立たせて枝豆を加え、中火で3分煮る。

粗びき黒こしょうをたっぷりふって！

スパイシー焼き枝豆

材料（2人分）

冷凍枝豆（さやつき）…200g
オリーブオイル…小さじ1/2
塩、黒こしょう…各適量

作り方

フライパンにオリーブオイルを強めの中火で熱し、凍ったまま枝豆を入れて炒める。さやが2〜3個開いたら火を止め、塩と黒こしょうをふって混ぜる。

いかのうまみと青海苔がマッチ

さきいかの磯辺揚げ

材料（2人分）

さきいか…30g

A 天ぷら粉…50g
水…80ml
青海苔…小さじ1

サラダ油…適量

作り方

フライパンに油を1cm深さに入れて180℃に熱し、Aを混ぜ合わせて衣を作り、さきいかをくぐらせてカリッと揚げる。

こってりタレの濃厚おつまみ

ごぼうのみそ照り焼き

材料（2人分）

ごぼう…1本

片栗粉…大さじ1と1/2

サラダ油…大さじ3

A みそ…小さじ1
酒、みりん、しょうゆ…各小さじ2
砂糖…小さじ1と1/2

黒いりごま…適量

作り方

1 ごぼうは包丁の背で皮を削ぎ、2cm幅に切って片栗粉をまんべんなくまぶす。

2 フライパンに油を中火で熱し、**1**をこんがりするまで焼く。余分な油を拭き取って混ぜ合わせた**A**を加え、汁けがなくなるまで煮からめる。

3 器に盛り、黒いりごまをふる。

甘めのタレでジュワッと焼く

きつねのわさび添え

材料（2人分）

油揚げ…3枚

A 麺つゆ（3倍濃縮）…20ml
水…80ml
砂糖…大さじ1/2

わさびチューブ…適量

作り方

1 油揚げは余分な油を拭き取る。

2 フライパンに**A**を煮立たせ、油揚げを入れて弱めの中火で汁けがなくなるまで煮詰める。少しこげ目がついたら取り出して細く切り、器に盛ってわさびを添える。

燻製の香りでリッチな味わいに

いぶりがっこクリームチーズ

材料と作り方（2人分）

いぶりがっこ30gは粗みじん切りにし、クリームチーズ20gと混ぜ合わせる。

隠れたパクチーが存在感あり！

ツナパクチーズ

材料と作り方（2人分）

ボウルにクリームチーズ50gを入れて練り、3cm幅に切ったパクチー1本分、油をきったツナ缶1缶（70g）、塩、黒こしょう各少々を加えて混ぜ合わせる。

カリカリチーズにディップをつけて

チーズアボカド

材料と作り方（2人分）

フライパンにピザ用チーズ適量を敷き詰めて中火にかけ、溶け始めたら黒こしょう少々をふり、こんがり焼いて冷ます。アボカド1個をボウルに入れてすりつぶし、玉ねぎのみじん切り1/8個分、レモン汁大さじ1/2、チリパウダー小さじ1/2、塩小さじ1/4を混ぜ合わせ、食べやすくちぎったチーズをつけて食べる。

スライスチーズを挟むだけ！

海苔チーズ

材料と作り方（2人分）

焼き海苔（全形）1枚は半分に切り、スライスチーズ2枚を海苔で1枚ずつ挟んで食べやすく切る。

ねぎしょうゆおかかをトッピング

クリームチーズおかか

材料と作り方（2人分）

小ねぎ（小口切り）1本分、かつお節1.5g、しょうゆ小さじ1/4を混ぜ合わせ、クリームチーズ4個に等分にのせる。

ひき立ての黒こしょうがおすすめ

黒こしょうチーズ

材料と作り方（2人分）

プロセスチーズ適量をさいの目切りにし、黒こしょうをたっぷりまぶす。

香ばしくいったナッツがアクセント

ハニーチーズバゲット

材料と作り方（2人分）

好みのナッツ（無塩）適量は小さく砕いてフライパンで3分ほど乾いりする。クリームチーズ40g、はちみつ大さじ1、黒こしょう少々を混ぜてナッツをのせ、トーストしたバゲットを添える。

キムチを足してもおいしい

海苔巻き納豆チーズ

材料と作り方（2人分）

ボウルに納豆2パックと付属のタレ、からしを混ぜ合わせ、さいの目に切ったベビーチーズ2個分（27g）を加えて和える。8等分に切った焼き海苔（全形）1枚分を添え、巻いて食べる。

コクと酸みで立派なおかずに

はんぺんバタポン炒め

材料（2人分）

はんぺん…1枚

バター…10g

ポン酢…大さじ1と1/2

小ねぎ（小口切り）…適量

作り方

はんぺんを食べやすい大きさに切り、フライパンで両面に焼き色をつける。バターとポン酢を加えてしっかりからめ、器に盛り、小ねぎを散らす。

子どももハマるふんわり食感

はんぺんねぎマヨ焼き

材料（2人分）

はんぺん…1枚

長ねぎ（小口切り）…1/3本分

マヨネーズ…適量

しょうゆ、かつお節…各適量

作り方

1 はんぺんは食べやすい大きさに切り、マヨネーズと長ねぎをのせる。

2 トースターで表面がこんがりするまで焼き、器に盛ってしょうゆをかけ、かつお節をのせる。

サクッとした食感のにんにく＆カレー風味

油揚げのカレースナック

材料（2人分）

油揚げ…1枚

にんにく…1かけ

オリーブオイル…大さじ1

カレー粉…小さじ1/2

しょうゆ…小さじ1/4

粉チーズ…適量

作り方

1 油揚げは余分な油を拭き取り、横に7mm幅に切る。にんにくは縦半分に切る。

2 フライパンにオリーブオイルとにんにくを入れて弱めの中火にかけ、香りが立ったら**1**を加えてカリカリになるまで炒める。火を止めてカレー粉を加えてしっかりからめ、しょうゆをまわし入れる。

3 器に盛って粉チーズをふる。

肉に負けないビールがすすむおつまみ

ちくわソースカツ

材料（2人分）

ちくわ…4本

A ┆ 小麦粉、水…各大さじ4

パン粉…適量

サラダ油…適量

中濃ソース…適量

青じそ（千切り）…4枚分

作り方

1 ちくわは縦半分に切り、内側の真ん中に浅く切り込みを入れて平らにし、混ぜ合わせた**A**、パン粉の順に衣をつける。

2 フライパンに油を1cm深さに入れて180℃に熱し、**1**を中火でこんがり揚げる。器に盛り、ソースをかけて青じそをのせる。

餅とバターでおなかも満たされる

餅入りちくわのバターしょうゆ焼き

材料（2人分）

ちくわ…4本

切り餅…1個

バター…10g

しょうゆ…小さじ2

青海苔…適量

作り方

1 切り餅は厚みを半分に切り、さらに縦4等分に切る。ちくわは半分の長さに切り、穴に餅を1切れずつ差し込む。

2 フライパンにバターを中火で熱し、**1**を焼き色がつくまで焼き、フタをして弱火で3分蒸し焼きにする。しょうゆをまわし入れてからめ、火を止めて青海苔をふる。

マヨネーズでまろやかに

ちくわのわさび和え

材料（2人分）

ちくわ…4本

A ┆ しょうゆ、マヨネーズ…各小さじ1
┆ わさびチューブ…5cm

白いりごま…適量

作り方

ちくわは5mm幅の斜め切りにし、**A**と混ぜ合わせる。器に盛り、白ごまをふる。

ごまとしょうがの風味にラー油がピリッ!

ごまだれ厚揚げ

材料と作り方(2人分)

厚揚げ1枚(150g)は余分な油を拭き取って9等分に切り、フライパンやトースターでカリッと焼く。器に盛り、混ぜ合わせたごまだれ(白すりごま大さじ1、ごま油、しょうゆ、酢、砂糖各小さじ1、しょうがチューブ3cm)とラー油適量をかけ、貝割れ菜適量をのせる。

みそマヨをたっぷり塗ってこんがりと

厚揚げのみそ焼き

材料と作り方(2人分)

厚揚げ1枚(150g)は余分な油を拭き取って食べやすい大きさに切り、断面に混ぜ合わせたみそマヨ(マヨネーズ大さじ2、みそ小さじ1)を塗る。トースターで3〜4分焼き、七味唐辛子適量をふる。

どこかたこ焼きっぽい味がする!

厚揚げのねぎみそまぶし

材料と作り方(2人分)

厚揚げ2枚(300g)は余分な油を拭き取って9等分に切り、サラダ油小さじ1を中火で熱したフライパンでこんがりと焼く。混ぜ合わせたねぎみそ(長ねぎのみじん切り15cm分、みそ20g、しょうがチューブ5cm、かつお節2.5g)を加えてサッとからめる。

熱燗をつけたくなるおいしい香り

厚揚げのごま山椒がけ

材料と作り方(2人分)

厚揚げ1枚(150g)は余分な油を拭き取り、フライパンやトースターでカリッと焼いて1cm幅に切る。器に盛り、しょうゆ適量、混ぜ合わせたごま山椒(白すりごま大さじ2、粉山椒、七味唐辛子各ひとつまみ)をかける。

ふぅ〜、
今日もおいしかったね
おなかいっぱい
ごちそうさまでした！

平凡な夫婦

私、北海道出身、夫、愛媛出身。
2020年5月より飲んで食べてが大好きな夫婦によるYouTubeチャンネル
「平凡な夫婦」をスタート。週に一度のおうち居酒屋や、
季節の旬の食材を使った献立、簡単でおいしい料理が人気を集め、
チャンネル登録者数は53万人を突破(2024年1月現在)。
献立をいちから作る段取りや恒例の乾杯シーンに加え、ふたりの食べっぷりも評判。
YouTube「平凡な夫婦」

忙(いそが)しくても パパッとおいしい
平凡(へいぼん)ごはん

2024年3月18日　初版発行
2024年7月15日　5版発行

著者／平凡(へいぼん)な夫婦(ふうふ)
発行者／山下 直久
発行／株式会社KADOKAWA
〒102-8177　東京都千代田区富士見2-13-3
電話0570-002-301(ナビダイヤル)
印刷所／TOPPAN株式会社
製本所／TOPPAN株式会社

●お問い合わせ
https://www.kadokawa.co.jp/ (「お問い合わせ」へお進みください)
※内容によっては、お答えできない場合があります。
※サポートは日本国内のみとさせていただきます。
※Japanese text only

定価はカバーに表示してあります。

ISBN 978-4-04-682737-1　C0077